传媒艺苑文丛

中国幻术史话

ZHONGGUO

HUANSHU

SHIHUA

徐庄 傅起凤 著

典藏版

中国国际广播出版社

目 录

第一章

幻　术

——中国文化的瑰宝

幻术是中国人民十分喜闻乐见的表演艺术。幻术是运用人为的隐秘技法制造幻觉、幻象的艺术，是展现超自然奇迹的艺术。人类对于未知世界，永远抱有神秘感和敬畏的心理，以及期待奇迹的潜意识，它是幻术产生的心理根源。幻术艺术的成立，正是以其技法的隐秘性为必要条件。神秘感是幻术魅力的第一要素。表演者富于个性的演技则是幻术产生魅力的主要手段。它巧妙地将观众引入某种幻视、幻听、幻觉状态。通过回应人们的好奇心理使人们从幻觉中获得审美愉悦，以达到娱乐心志、增进文化科学素养的目的。

中国幻术源远流长，有着悠久的历史和光荣传统。它来源于远古巫术，经过漫长的演变和先人智慧的提炼，终于成为人们喜闻乐见的表演艺术。大约在新石器时代末期，部落神权逐步向王权过渡，促使一部分巫舞、巫术向娱人的艺术转变，从而诞生了幻术这种表演艺术。幻术在古代简称"幻"或"眩"，亦称"奇戏""奇技""奇术""戏术""戏法"。《路史·后记》十三注引《史记》载：夏桀

"大进倡优烂漫之乐，设奇伟之戏，靡靡之音"；《尚书》称商纣"作奇技淫巧"。所谓"奇戏""奇技"，是那时对原始的幻术的称谓。这表明在 3600 年前幻术已经从巫术神坛走入了为娱人而为的表演艺术行列。后世将其纳入"礼乐"文化，成为"乐"的一部分。先秦至两汉奇戏、幻术大为发展，成为帝王文化娱乐、展现理想世界的重要手段。3000 多年来，它不断汲取中外文化之精华持续发展，至 19 世纪末，据《鹅幻汇编》的不完全统计，已有各类幻术 320 余套。这是中华民族智慧的结晶。

中国是世界幻术的发祥地之一。世界公认中国、印度、埃及是世界古代幻术三大发祥之地，从世界幻术发展史的角度来看，中国幻术自成一派，内容丰富多彩，具有浓郁的民族特色，不仅是表演艺术中的佼佼者，而且具有很高的学术价值。它是自然科学与人文科学交融的独特艺术，具有深厚的科学、哲学、美学文化内涵。它是民智开化的一面镜子，是古老的东方文明的华彩乐章。它是中国非物质文化遗产的重要组成部分，在研究我国社会发展、礼乐文化、宗教文化、科技发展、民族习俗、中外文化交流等方面有很高的认识价值和学术价值，对保护和传承中国传统文化和民族精神方面有着十分重要的作用。然而近百年来受到社会政治、经济条件的影响，尤其是对于幻术这门艺术认识的偏差与误解，不是把它当作舶来货加以排斥，就是把它与封建迷信、巫术、骗术混为一谈，没有得到应有的发展，长期以来只是作为杂技舞台上的一道配菜，忽视它的独特需求与发展规律，忽视它的社会价值、历史价值，深入钻研中国幻术的人越来越少，流传的品类越来越狭窄，传统节目、传统技艺流失严重，兼之受到外国魔术的严重冲击，民族幻术难以抬头，数十年来连"幻术"一词也很少面世。许多年轻人只知魔术而不知幻术，其实幻术才是对这门艺术最精确的称谓。

一、精确的称谓

什么是幻术？《列子·周穆王》中有精彩叙述：

> 周穆王时，西极之国有化人来，入水火，贯金石；反山川，移城邑；乘虚不坠，触实不硋，千变万化，不可穷极。既已变物之形，又且易人之虑。

列子名御寇，是东周威烈王时期的思想家，他讲的是周穆王（公元前976年—前922年在位）时代，"西极之国"即长安以西地域，"有化人来"，原注："化人，幻人也。"也就是幻术师。他能"入水火，贯金石"，不论滔滔大水，还是熊熊烈火，他都能自由出入，遇到金石之类的东西也可以随意穿过。"反山川，移城邑"是指他还能使山川互换，能随心所欲地移动城邑；"乘虚不坠，触实不硋"是指身体悬浮在半空，无依无靠也不会坠落，接触实物也不会受到阻碍。"千变万化，不可穷极"是指多种多样的变化没完没了。化人还偕同穆王"神游幻宫"，使穆王进入超乎寻常的梦幻境界之中。"既已变物之形，又且易人之虑"是指既能够改变物体的形状，也能改变人的认知，这就是"幻术"。从上段叙述中可知，3000多年前，我们的祖先对幻术已有精确的定位与明确认识。《列子·周穆王》同篇中还提及"老成子学幻……穷数达变，因形移易者，谓之化，谓之幻"，表明先秦时期不仅已有逃遁术、搬运法、悬浮术、变形术、猜测术等"千变万化，不可穷极"的幻术存在，而且已有学习幻术的渠道。

后人把这种既能够改变事物的外形，也改变了人的认知的幻化之术简称"幻"或"幻术"，把掌握了幻化技艺之人，称为"幻师""祝师""化人""善眩人""异人""幻术家"。此后历朝历代，关于幻术的记载不绝于书。如汉代刘歆《西京杂记》记载：

> 余所知有鞠道龙善为幻术，向余说事，有东海人黄公少时为幻，能刺御虎，佩赤金为刀，以绛缯束发，立兴云雾，坐成山河。

《颜氏家训·归心》记载：

> 世有祝师及诸幻术，犹能履火蹈刃，种瓜移井，倏忽之间，十变五化。

直至宋代的《太平广记》、清代的《清稗类抄》都有幻术章节，记载了诸多幻术故事。

在古代，幻术还有一些别称与之并行。比如从先秦至隋唐称"奇戏""奇术""奇技"，宋以来多称"撮戏法""变戏法""戏法"，元以来又称"把戏"或"耍把戏"。称"奇戏"是针对幻术稀奇的表演现象而言；"戏法"是指神仙游戏的方式方法；"把戏"是百戏的转音，亦指江湖游戏、江湖玩意儿。今天仍然有人称幻术表演为变戏法，不过一般来说，是专指中国传统幻术。"幻术""奇戏""戏法"或"把戏"这些传统称呼虽然不同，但细细推敲，都是从不同角度来概括幻术这门表演艺术的实质与特征，都是指它是运用人为技艺方法来制造幻象的表演艺术。从文字方面推敲称"幻术"更为确切。但是近百年来"幻术"一词很少面世而多以魔术代之。其实魔术这个名字是随着近百年来外国魔术团、魔术家来华演出带进来的，有浓厚的商业意味。由于欧美、日本等国娱乐市场发展较早，它们的魔术也较早地成为一种商业化的娱乐项目。清代晚期西方魔术团来华演出，新奇时髦的形式在观众中造成很大影响。"魔术"这个词也就流行开来。《辞海》对"魔术"一词的注释是：

> 魔术是原始人幻想依靠不可理解的神秘行动（手势、舞姿等），以促成事物变化的法术。

在不明就里的观众眼里，魔术就是魔法，魔术师就是具有魔法的人。西方宗教认为魔能扰乱身心，破坏好事，而魔术的本义就是惑人的妖术，作为艺术可以解释为神奇之术，和我国原有的幻术的含义是一致的。但魔术与幻术就定义来讲，也有微妙区别。魔术是就其魔法对观众的作用而言，施展魔法令人着魔。而幻术是就这门艺术的实质而言，是从表演者的角度来看它的特征。它的表象虽然是虚幻不实的幻象，而制造幻象的技法却是依托科学所为，是人为的巧思巧作，是一种艺术表演。幻术对公众这一如实宣告，是区别于一切神灵术和迷信的关键。因此我们认为幻术是对这门艺术最精确、最科学的称谓。

二、幻术源于巫术

幻术这门古老的艺术的起源与巫术密切相关。远古时代，我们的祖先囿于认识面的狭窄，对许多自然现象不能理解，对于天地山川、风火雷电，乃至逝去的祖先怀有敬畏之心，认为冥冥之中有一个万能的神，在主宰着生民的祸福命运，认为天地之间上有天神，下有地鬼，花的背后有仙，蛇的背后有龙，山精水怪，万物有灵。

5000 年前良渚祭祀神徽充满幻化色彩（浙江余杭瑶山 12 号墓出土）

远古时代先民们为了与神沟通，产生了一种职司叫"巫"。《说文》云：

巫，祝也。女能事无形，以舞降神者也。

女称巫，男称觋。这些处于远古社会的上层神职人员，掌管着天地祖宗神灵的祭祀，以至决策政事，实施筮史、历算、预言、记事、文艺、医药、技术等事宜。相传上古的圣人颛顼、尧、舜、禹、汤等，既是政治首领又是大巫。这反映了其时王权与神权是合在一起的。

伏羲、女娲是中国的首席巫师、科学专家、人文初祖（山东嘉祥汉画像石）

为了与神交往，表达对神的祈求和崇拜，产生了初始的宗教祭祀活动和巫傩仪典，也就是原始的礼乐，后来发展成为中华文明的重要组成部分。巫既然是人神之间的使者和神灵附体的载体，他（或她）们就必须有超乎常人的能力和异于常人的行为，来显示其像神、通神的特性，这就是巫术，也就是原始的幻术。史实表明，中国的本土宗教并没有建立起一个独立的、至高无上的人格神，而是需要通过施行祭祀和巫术而得以显现其对象。尤其在天人合一、君权神授主宰一切观念的支配下，天子王侯等统治者更有赖于巫、祝、卜、尹、史的代言，来为自己的权益地位提供依据。因此通神的巫和巫术，以及巫傩典仪对于当政者至关重要，典仪、祭祀成为国之大事，全民参与。

大禹像（山东省嘉祥武氏祠藏）　　战国青铜纹巫舞（河南辉县出土）

巫的这种异乎寻常的巫术，是在历史的长河中逐渐创造和积累起来的方法和技巧也就是原始的幻术。早期的巫术包括原始艺术和原始科学，而幻术正是这两者的交汇点。比如3000年前，商代人相信烧牛胛骨，使之裂开，根据裂纹可预知吉凶，验证未来，他们刻了大量卜辞文字，即是今天河南安阳殷墟出土的甲骨文的主要内容。但研究者们发现，在一些求雨的甲骨文的骨片中仅刻有卜辞，而没有应验的话，说明这些应验的文字是待降雨之后补刻上去的。这种巫师故弄玄

湖北随县曾侯乙墓
漆画巫师作法与幻
术表演相似

虚，人为制造奇迹的做法延续了很多年，客观上对幻术发展起了推波助澜的作用。也可以说，巫为幻术的起源与形成提供了原始的资料、技法、技巧以及神秘的表现形式与想象空间。因而可以说，巫术是幻术的直接来源之一。在诸多的表演艺术中，幻术与巫术的关系是最密切和久远的。

随着社会的发展和理性精神的发扬，神权逐渐让位于王权，巫的地位逐渐动摇，而幻术却越来越成熟、丰富。随着文明的进程，这些原本是为了祈神、娱神的技能，逐渐演变成了娱人的艺术。到了夏代，便出现了专为君王享乐服务的宫廷幻术杂技乐舞演出，时称奇伟之戏、烂漫之乐。这些乐人中有可能就是由巫觋演变而来的。春秋战国和秦汉间，社会经历了巨大动荡，更有大批神职人员流入社会，成为新兴士人阶层。其中不乏由巫觋演化而来的方士、术士。以游仙面目出现的幻术家多出于此间。然而由巫术转化为幻术并非一挥而就的事，而是一个互为消长、逐渐演变的漫长过程。最初的幻术源于巫而诞生，反过来幻术所创造的超常技艺又大量用于巫术，从而使巫术显得更加玄妙和神秘。这在双方都有这种需求，至今也尚未终结。

三、仙佛道与幻术

随着历史的变迁，巫与宗教相结合，仙、佛、道活跃在中华大地。巫术演变为"方术""数术""道术""法术""神通"。在很长的历史阶段里，巫、道、仙、佛与幻术有着不解之缘。因为人类头脑中神灵主宰世界的观念长期存在，人类需要慰藉。客观上讲，尚未做出科学解释的自然奇观，许多貌似神秘的现象，往往会被归于天意，归于鬼使神差。在这样的历史背景下，利用幻术手段冒充天意、显示神通等的江湖骗子大有人在；古代不少幻术师也借神通、法术来渲染幻术的神奇效果，保护技艺秘密，以求维持生计，有意无意地把"幻术"与"道术""法术""神通"混为一谈，把幻术师与巫师、神仙、道士、高僧混为一谈。我们在回顾古代幻术时，往往要将其从巫术、方术、数术、道术、法术、神通中剥离出来，而幻术师往往要从巫师、方士、术士、道士、法师、高僧、神仙中去寻找。例如众所周知的《东海黄公》中的黄公，就是一个以巫师面目出现的幻术师和驯兽师。他既能坐成山河（会幻术），又能冀厌白虎（会驯服老虎），可是他的表演形式却是"赤刀粤祝（画符念咒）"，由于他年老体弱斗不过老虎，被虎所伤，说明他并没有神通、法术，最终露出了幻术师、驯兽演员的真相。从这里我们可以看到巫术的背后是幻术的实况。再如《左慈戏曹操》中的左慈，"八仙"中的吕洞宾、韩湘子，高僧佛图澄、康僧会、鸠摩罗什等，按他们的表演现象来分析，都是技艺高明的幻术表演者，但是在过去的记载中没有人称他们为幻术师，而是称为方士、术士、神仙、菩萨、化人。迄今为止，我们发现的最早幻术技法专著《神仙戏术》，作者并不是将此书作为幻术著作来出版，而是指为神仙游戏的方术。清光绪年间出版的《鹅幻汇编》的300多个节目中，可用于巫术的幻术就有80来项，约占全书的四分之一。其中不少是专为演示巫术所设计的。例如圆光、占卜术、纸人捧碗、火烧红字、祝由移疮、杀鬼见血等至今仍用于偷魄抢魂、保胎求嗣、送子、求雨、洗寨、冲傩还愿、跳端公等巫师作法之中。可见幻术与仙、佛、道家，与方术、法术、道术、神通之间的历史渊源极为深厚，相互关系非常密切。

四、文化交流先行者

幻术是视觉艺术，受众不受语言限制，中外咸宜，在中外文化交流中有着特殊优势。幻术是最早登上中外文化交流舞台的艺术。《列子·周穆王》载："周穆王时，西极之国有化人来（原注化人，就是幻人，幻术家）。"这表明3000多年前就开始了中原与西域的幻术交流。到了汉代，中外交流更为频繁。汉武帝于公元前134年起努力沟通西域，从而凿通丝绸之路，与世界上当时同属文明古国的大秦〔古称犁（黎）轩，即古罗马帝国〕、安息、条支（在今伊朗及中东两河流域一带）、身毒（今印度）、掸国（今缅甸）互通音讯，遣使不绝。因此，这些国家的幻术亦随着使者、商人、僧侣等，陆续来到中国，使中国的幻术品种和数量骤增，在"百戏"游艺演出中占有重要地位。据《史记》《汉书》记载，最早来华的西方艺术家就是两位罗马籍幻术师。《史记·大宛列传》载：

> 汉使至安息，安息王令将二万骑迎于东界……汉使还，而后发使随汉使来观汉广大，以大鸟卵及黎轩善眩人献于汉。

汉武帝刘彻遣张骞出使西域，联络西域诸国共同抗击匈奴，经过十八年的努力终获成功，大宛诸国派使者随汉使来观汉之广大，于公元前108年抵达长安。献给汉武帝"大鸟卵及黎轩善眩人"。大鸟卵即是鸵鸟蛋；黎轩，又作牦轩，古称大秦、海西国，为地中海东岸地区，那时属罗马帝国版图；善眩人，"眩"通"幻"，善眩人就是善于表演幻术的幻术家。他们带来了吞刀吐火等新奇的西方幻术。汉武帝非常高兴，举行了规模空前、中西合璧的百戏盛会招待来宾，附近三百里的民众都来观看。中外幻术家表演了"画地为川""聚石成山""鱼龙漫衍""吞刀吐火""自缚自解"等精彩幻术。这也是中国有史以来第一次把幻术用于国事活动，收到了很好的外交效果。从此年年开展这种文化交流活动，故《史记》称：

> 觳抵奇戏岁增变，甚盛益兴，自此始。

自从丝绸之路贯通之后，西域幻术源源不断流入中原。《后汉书·陈禅传》：

> 安帝刘佑永宁元年（120年），西南夷掸国王献乐及幻人，能吐火，自支（肢）解，易牛马头。明年元会，作之于庭，安帝与群臣共观，大奇之。

早期流传于中国的西域魔术节目，见于记载的有"吞刀""吐火""植树""种瓜""屠人""截马""自支（肢）解""自缚自解""易牛马头""易貌分形"等。此后自三国至南北朝，由印度僧人和民间艺人携入的节目，又有"钵中生莲""食针""截舌复原""剪绢不断""火烧不毁"等。《魏书·西域传》记载悦般国：

> 遣使朝献，并送幻人，称能割人喉脉令断，击人头令骨陷，皆血出数升或盈斗，以草药内其口中，令嚼咽之，须臾血止，养疮一月复常，又无痕瘢。世祖疑其虚，乃取死罪囚试之，皆验。

《法苑珠林》记载了公元646年西国五婆罗门来京师的情景：

> 西国有五婆罗门来京师，善能音乐、祝术、杂戏、截舌、抽肠、走绳、续断。

《旧唐书·音乐志》载：

> 安帝时，天竺献伎，能自断手足，刳剔肠胃，自
> 是历代有之。我高宗恶其惊俗，敕西域关令不令入中
> 国。苻坚尝得西域倒舞伎。睿宗时，婆罗门献乐，舞
> 人倒行，而以足舞于极铦刀锋，倒植于地，低目就刃，
> 以历脸中，又植于背下，吹筚篥者立其腹上，终曲而
> 亦无伤。又伏伸其手，两人蹙之，施身绕手，百转无已。

卧剑、截舌、抽肠之术皆是印度婆罗门教僧徒常习的苦行术。两汉以
来西域不时输入的苦行术，给予中国后世民俗、宗教、生死观和幻术
的发展以深远的影响。

历代中国也有不少幻术传入周边国家，诸如九连环、茶碗与玉、
茶叶箱遁人、飞连化雪、空壶取酒等不胜枚举。许多节目不仅传到东
南亚邻邦，甚至传到西欧，在世界幻术发展史上占有一定地位。20
世纪下半叶，日本奈良正仓院博物馆发现一本叫《唐傩会》的画册，
又称《信西古乐图》。它记录了唐朝流入日本的杂技乐舞达30余种，
其中有不少幻术，如"饮刀子舞""吐火舞"即吞刀吐火，"卧剑上
舞"即刀尖悬人，"入壶舞"即双瓮遁人，"入马腹舞"即分身术等
多种。日本学者藤原明衡《新猿乐记》中所提到的"咒师"即为幻术师，
"唐术"即中国幻术。日本魔术研究家坂本种芳的《奇术世界》一书
中，列为最古的幻术专业典籍的，便是1510年明代陈眉公所著的《神
仙戏术》。历史表明，中国幻术东渐对日本幻术的孕育和发展起了重

要的推动作用，而自明治维新后，日本注意向西方汲取养料，形成了东西合璧、具有日本独特风格的幻术，也称东洋奇术或东洋把戏，又对中国幻术的发展产生了积极影响。

总之，从公元前78年直至2009年7月世界魔术大会在北京举办，2000多年来，幻术一直站在中外文化交流的前列，幻术文化在世界范围内的交流，无疑对东西方文化发展与人民友好往来起了积极的推动作用，是增进各国人民友好往来的纽带和桥梁。

五、植根中华文化沃土

前面谈到幻术是东西方文化交流的先行者。3000年前西极化人就来到中原表演，因此有一种观点认为，中国本无幻术，幻术都是来自外国。例如《旧唐书·音乐志》《新唐书·音乐志》《通典》都有类似记载：

> 大抵《散乐》杂戏多幻术，幻术皆出西域，天竺尤甚。汉武帝通西域，始以善幻人至中国。安帝时，天竺献伎，能自断手足，刳剔肠胃，自是历代有之。我高宗恶其惊俗，敕西域关令不令入中国。

幻术来自西域的观念，从魏晋至两宋，历代《乐书》陈陈相因。然而，我们认为这是一种误导，如果稍微深入一点，全面一点，来考察中国幻术，我们就会发现外来说有失偏颇，中国幻术的主体是中国文化的产物，它是深深植根于中华文化沃土的绮丽之花。

一是，对西域的理解往往是模糊的，在古代中国人心目中，西域的范围甚为广袤。从今甘肃玉门关以西远至葱岭以外，经中亚直至地中海东岸，向南包括东南亚及印度，均称为西域。不同时代记载的西域不一定是同一地区。比如《列子》中提及的"西极之国"是长安以西的地区，当指今天的青海、甘肃、新疆一带，是中国西部地区并非外国。

二是，一般说西域幻术传入中原多是丝绸之路贯通之后的事。而在丝绸之路贯通之前，中原已有不少幻术存在。汉武帝的百戏盛会的主角也是以中原故有的角抵（杂技）、奇戏（幻术）为主。《汉书·西域传》载：

> 作巴俞都卢、海中砀极、漫衍鱼龙、角抵之戏以观视之。

这里列举的节目都是本土幻术。张衡《西京赋》中描述的幻术大多数是中原故有的幻术：既有"华岳峨峨，冈峦参差。神木灵草，朱实离离"这类大型幻景变化，又穿插着"总会仙倡，戏豹舞罴。白虎鼓瑟，苍龙吹篪。女娥坐而长歌，声清畅而蟜蛇。洪涯立而指麾，被毛羽之襳襹"的仙人奇技异能表演，还伴以"云起雪飞""转石成雷""礔砺激而增响，磅盖象乎天威"等天气、景色、音响的变化；既有"东海黄公，赤刀粤祝。冀厌白虎"等戏剧式的幻术表演，又有"巨兽百寻，是为漫衍""怪兽陆梁，大雀踆踆。白象行孕，垂鼻磷困。海鳞变而成龙，状婉婉以显显。舍（含）利飏飏，化为仙车"等大型乔装幻术表演。这些节目都取材于我国典故，其中外来节目仅有"水人弄蛇""易貌分形""吞刀吐火"。由此可见，这场中外演员同台演出的盛大百戏，外来的幻术毕竟还是少数。西域幻术的输入，仅是对华夏幻术的补充，使传统幻术更加丰富多彩，绝不能视它为中国幻术的源头。

追溯幻术的源头，一方面从总体上看，它同一切艺术一样，起源于人们的生活实践。中国早在新石器时期就已有幻术活动的踪迹。它起源于人们对理想、对美梦的追求。人类伊始，对太阳、月亮、火、雨等自然现象无法理解，只能解释为是神话般的非人力所及的力量。另一方面，人类也有征服自然的愿望，盼望着能采撷到丰富的食品，希冀庄稼丰收、畜牧兴旺，于是，头脑中梦想、幻想、理想源源不断地产生。由此创作出浩瀚的神话世界，如"盘古开天辟地""女娲造人""夸父逐日"，乃至"种瓜得瓜""肢解复活"，等等。古代人民通过神话幻想表现人类在生产力极低的情况下，同大自然做斗争的精神和意志。神话是孕育幻术的沃土，我国幻术常取材于神话传说。比如张衡《西京赋》中描述的许多幻景是来自三神山的传说；"爬绳偷桃""穿胸国入贡"是来自《山海经》的传说。"鱼龙漫衍""划地为川""四时花卉"也都是来自古代神话。

幻术依附传统文化随处可见，比如最流行的传统手彩幻术"剑、丹、豆、环"，它与我国先哲们认识世界的思维方式，与传统文化有千丝万缕的联系。球弹幻术许多国家都有，中国的球弹却独树一帜，它与道家的阴阳五行、修身养性、吐纳之术、炼丹服丹关系密切。"仙人栽豆"的基本表演形式是：桌上有反扣着的两只小瓷碗和五个泥丸，表演者反复吞吐的过程中，泥丸可随心所欲地变来或遁走。高明的艺人招数极多，且招招有名目，从"一粒下种""双风贯耳""三星归洞"到"五子登科"，直至十丸相会的"珠还合浦"，到末了变来满碗红豆的"秋收万颗子"，一名一目均来自典故，诉说着人们的愿望，且一招一式均与中华文化息息相通。"仙人栽豆"是由道家的"道生一，一生二，二生三，三生万物"的思想演化而来。表演方式与吐纳之术环环相扣，它不仅显示中国球弹幻术技法独树一帜，也反映出创作思想的深邃和程序设计的精微。"吞宝剑""月下传丹""仙人栽豆""九连环"等手彩幻术历来重视手法技巧和表演技巧的提炼，推崇"功到自然成"的学养，认为练这些节目不仅能练就出神入化的表演技艺，也是演员修身养性、提高人品素质的必经之路。

中国的科技发展也是推动幻术发展的重要因素。中国科技的四大发明很早就运用到了幻术创作中。例如对于磁力的认识和运用，早在西汉时期幻术"斗棋"已出现在汉武帝面前。其原理和制作方法在《淮南子》中说得很清楚。把铁针、天然磁石捣碎，碾成粉末，再用鸡血搅拌成浆状，涂在两枚很轻的棋子外面晒干，然后放在棋盘上，这两枚棋子就会互相撞击。磁体有两极，同极相斥，异极相吸，利用这个原理，两枚棋子就斗个不停。后世的"指南鱼""指南龟""核桃相打"也是利用磁性原理设计的幻术游戏；火药发明之后并没有立即用于军事，而是用于幻术，宋代以降，烟火幻术成了一个独立行当。《都城纪胜·杂手艺》中有"藏压药法傀儡"，即是一种特制的"烟火"幻术，各种形式的花炮，内藏火药作为动力之外，还有各种人物形象和迸射各色光焰的材料，点燃花炮，将它们射向空中之后，借助火药的爆炸、燃烧力量，使绢、纸所制作的人物，漂浮于夜空，从而产生神秘莫测的奇异效果；造纸术兴盛之后许多彩纸幻术应运而生。诸如"飞连化雪""吃纸吐火""口吐百丈""湿纸还原"等幻术节目驰名世界。中国瓷器世界闻名，以瓷器为道具的幻术格外丰富，单是彩碗幻术就有一二十种，"酒米三变""桂圆变蛋""一蛋变四""土遁金杯"等不胜枚举。中国幻术是以中国科技为先导，以中国物产为物质基础的国粹艺术是不争的事实。

中华文化是各族人民共同创造的。同时，也是在与外来文化不断交流融合中发展的。即使是部分外来的幻术，经过历代中国幻术家的千锤百炼，也融入了中华文化元素，具有了中国特色。以"吞刀"和"吐火"为例，比如河南南阳汉墓石刻，描绘的口中喷火的表演者乃是一位高鼻深目、头戴尖帽、手执绳索的外国魔术师形象。山东嘉祥石刻上的"吐火图"与埃及古代绘画风格十分相近，说明这些外国魔术家并非仅在长安一地活动，他们的足迹已遍及中原和海滨。然而，出土于徐州的东汉墓百戏石刻上的"吐火"形象，显然已是中国人的表演风格了，《唐傩会》中描绘的传到日本的吐火也已经完全中国化了。据北宋末年孟元老《东京梦华录》记载，北宋艺人常常爬至高竿顶端"口吐狼牙烟火"，成为宋代吐火的新亮点。近代"吐火"花样更多。例如口含松香粉，对准明火吹喷，顿时出现大片耀眼火花。这种幻术技巧逐渐为戏曲所吸收；也有喝水吐火者，而幻术师一般采用"吃纸吐火"，将纸条撕碎了，并交代无火的痕迹，然后纳入口中，幽默地用扇子扇扇耳朵，顷刻便从口中生出浓烟，继而喷出明火，火苗可达尺余。"吃纸吐火"之所以在中国流传下来，并久演不衰，这与中国纸的发明相关。"吞刀"融合中国剑文化之后更显神奇，常常出现在剑仙侠客的逸闻轶事中，成为中国古代典型幻术"剑丹豆环"之首。再如"杀人屠马"，发展到宋代就成为名噪一时的"七圣刀""七圣法"，与梅山七圣降妖除魔相融合。同样，其他西域魔术经中国艺人们的千年磨炼，也浸染上了中国特色，融化于中华艺术大动脉之中，逐渐演变为中华民族的传统幻术的一部分。这正体现了中华民族开放进取的精神，善于兼收并容、包容万方的胸襟和气度。我们吸纳外来艺术，不仅仅是模仿，也是融入自身的智慧创新与发展。各民族文明的发展都有赖于相互借鉴与交融，使之达到新的高度。

中国幻术不断吸取中外文化之精华持续发展，经过数千年的积累，至 19 世纪末，据清末唐芸洲著的《鹅幻汇编》的不完全统计，已有各类幻术 320 余套。唐芸洲以幻术技法为线索将其分为六类：一为彩法门，运用生活中杯碗瓢盆等小器皿为道具，装置机关为变化关键的幻术；二为手法门，凭借双手夹带藏掖灵巧操作，取得变幻效果的幻术；三为丝法门，由绳拉线牵为关键促使变幻的幻术；四为搬运门，将彩品藏掖在演员的身上或道具内，借搬运法形式展现彩品的幻术；五为药法门，运用化学药物促使变化的幻术；六为符法门，借画符念咒形式变化的幻术。

《鹅幻汇编》由于时代和地域的局限，仅收入幻术 320 余套，有些古代幻术门类和重要节目尚未列入其中。例如浮悬术、隐身术、肢解术、幻景术、心理幻术、数理幻术，等等，如果将这些幻术包括进来，其数量还会增加许多。总之，当今流行的许多幻术、戏法、魔术都能在中国古代幻术中找到根源。

综观中国幻术，不论是创作思想、表演形式，还是物资、器材、技术，都紧紧依托中国本土文化的发展而发展，紧紧依托中国科技的进步而进步。细审中国幻术的每个门类，每个节目无不深深打上了中国文明的印记。中国幻术具有深厚的科学、哲学、美学文化内涵，是值得我们珍爱的国粹艺术。

幻术起于先秦

先秦时期社会经历了多次变革与动荡，随着理性精神的发扬，神权逐渐让位于王权，巫的地位逐渐动摇，而幻术却越来越成熟与丰富，促成了幻术与巫术的分化。一大批神职人员流入社会，成为新兴士人阶层，其中不乏由巫祝历算演化而来的方士、术士，以游仙面目出现的幻术家，出现了为娱人而为的幻术表演。据《路史·后记》十三注引《史记》载，"（夏桀）大进倡优烂漫之乐，设奇伟之戏，靡靡之音"；《尚书·泰誓下》载，"（商纣王）作奇技淫巧，以悦妇人"。

孔颖达疏，"奇技"谓奇异技能。夏商宫廷出现的"奇戏""奇技"是专为君王享乐服务的幻术杂技乐舞等新奇的技艺和作品。

一、夏宫的奇伟之戏

刘向《列女传·孽嬖》载：

桀既弃礼义，淫于妇人，求美女，积之于后宫，收倡优、侏儒、狎徒能为奇伟戏者，聚之于旁，造烂漫之乐，日夜与末喜及宫女饮酒，无有休时。

夏朝从大禹开国以来，传至"癸"已是第 17 位君主，即是"夏桀"，他在位 54 年。据说，"癸"是一个能文能武的人，他身体壮硕，力技超群。胳膊一使劲儿，可以把铁钩拉直。但在人品上，夏桀却是个残暴异常、荒淫无度的君王。尤其到了晚年，他更是骄奢淫逸，最宠幸美女末喜，想方设法以博得末喜一笑。他广收倡、优、侏儒、狎徒，聚集在后宫之中为他演出奇伟戏，每日沉溺于宫廷嬉乐之中。何为奇伟戏？我们认为就是幻术杂技。这可以从两个侧面来分析，一是他收罗的奇伟戏者皆是倡、优、侏儒、狎徒，多是有一技之长的杂技、幻术、滑稽演员。二是汉唐以来多称幻术为"奇戏"。比如汉武帝时百戏盛会中就有关于奇戏的记载。《史记·大宛列传》载：

天子大悦……于是大角抵，出奇戏、诸怪物，多聚观者……及加其眩者之工，而角抵奇戏岁增变，其盛益兴自此始。

《汉书》所载：

（元封）三年春，作角抵，奇戏，三百里内皆观。

而那时奇戏的内容即是"坐成山河""划地为川"等幻术。"伟"即大型表演，因此，所谓"奇伟之戏"，无疑是指幻术杂技表演。夏桀宫廷中的这些"戏乐"不再是为了敬神、娱神所用，而是专门给夏桀和他宠幸的后妃们观赏的表演艺术。夏桀在位应当是在公元前1600年之前，那么作为表演艺术的中国幻术，大约在距今3600年前的夏代已出现应无疑义。

二、商帝武乙与天神博弈

据《史记·殷本纪》载：

> 商帝武乙无道，为偶人，谓之天神，与之博，令人为行。天神不胜，乃僇辱之。为革囊盛血。仰而射之。命曰射天。

商王朝第28位君王武乙，姓子名瞿。约在公元前1147年前即位，在位35年。武乙作为商代后期的一个君王，也是一个昏庸无道的君王。他处于神权政治向王权政治转变的时代，从其自身利益出发，想努力维持其王国统治，便使出了与天神博弈的招数。他命工匠做一木偶，附会于"天神"，命臣下操纵木偶与之博，武乙胜后，当众肆意侮辱"天神"，以显示自己胜过天神。我们从幻术的角度来看，典籍透露出三个重要信息：一是3000多年前已有了人工制造的偶人，其制作技艺已高明到偶人可与真人博的地步；二是已具有了以人工制造的偶人作为天神的替身的观念，即天神附体的观念；三是这位天神实际上是个由人来操纵的傀儡，即是出现了耍弄偶人的技能。3000多年前出现的这些巧思巧作即是一种萌芽状态的幻术。此后，又出现过更精彩的"偃师造人""鱼龙漫衍""水转百戏""骷髅幻戏"等以傀儡为载体的幻术。至今，还有一些操纵偶人表演的幻术节目，例如"仙人走路""竹仙洗浴""鲤鱼化鳌"等保留在丝法幻术、药法幻术系统之中。

三、周穆王亲历幻术

《列子·周穆王》载：

　　周穆王时，西极之国有化人来，入水火，贯金石；反山川，移城邑；乘虚不坠，触实不硋。千变万化，不可穷极。既已变物之形，又且易人之虑。穆王敬之若神，事之若君。推路寝以居之，引三牲以进之，选女乐以娱之。
　　化人以为王之宫室卑陋而不可处，王之厨馔腥蝼而不可飨，王之嫔御膻恶而不可亲。穆王乃为之改筑。土木之功，赭垩之色，无遗巧焉。五府为虚，而台始成。其高千仞，临终南之上，号曰中天之台。简郑卫之处子娥媌靡曼者，施芳泽，正娥眉，设笄珥，衣阿锡，曳齐纨。粉白黛黑，佩玉环。杂芷若以满之，奏承云、六莹、九韶、晨露以乐之。月月献玉衣，旦旦荐玉食。化人犹不舍然，不得已而临之。

居亡几何，谒王同游。王执化人之祛，腾而上者，中天乃止。暨及化人之宫。化人之宫构以金银，络以珠玉；出云雨之上，而不知下之据，望之若屯云焉。耳目所观听，鼻口所纳尝，皆非人间之有。王实以为清都、紫微、钧天、广乐，帝之所居。王俯而视之，其宫榭若累块积苏焉。王自以居数十年不思其国也。

化人复谒王同游，所及之处，仰不见日月，俯不见河海。光影所照，王目眩不能得视；音响所来，王耳乱不能得听。百骸六藏，悸而不凝。意迷精丧，请化人求还。化人移之，王若殒虚焉。

既寤，所坐犹向者之处，侍御犹向者之人。视其前，则酒未清，肴未晞。王问所从来。左右曰："王默存耳。"由此穆王自失者三月而复。更问化人。化人曰："吾与王神游也，形奚动哉？且曩之所居，奚异王之宫？曩之所游，奚异王之圃？王闲恒有，疑蹔亡。变化之极，徐疾之间，可尽模哉？"

前面我们已经提及西周第 6 个国君周穆王在位的时候，从西极来了一位"化人"即通晓幻化之术的人，他既能改变物体的形态，也能改变人的思想。穆王敬重他像对待神仙一样，侍奉他像侍奉君主一般。让出自己豪华舒适的寝宫给他住，把祀神的三牲给他吃，选能歌善舞的美女供他娱乐。可是，幻术师却认为穆王的寝宫卑陋不可住，穆王的美味佳肴腥臭不能吃，穆王窈窕美丽的嫔妃怪味难以亲近。于是，穆王为他另筑新宫，耗尽了国藏府库的金银财宝，才建成这座豪华无比的楼台。楼台高入云汉，能俯瞰巍峨的终南山顶，命其名曰"中天之台"。挑选郑国、卫国妩媚妖娆的处女，演奏《承云》《六莹》《九韶》《晨露》等最优美的乐曲供他欣赏。月月奉送玉衣供他穿用，天天进献美食供他吃喝，可这位化人仍然不开心，不得已才勉强住进这座宫室。

幻术师住了没多长时间，便请穆王和他外出游玩。穆王扯着他的衣袖，腾云凌空，中天乃止，来到幻术师的宫殿。宫殿以金银构筑，用珠玉装饰，高高耸立在云雨之上，却看不见下面有什么支撑，远望像浓云屯聚，近瞧是座豪华无比的宫室。耳闻目睹、口尝鼻嗅的都不是人间能有的东西。穆王一看真就认为是到了天上清都的紫微宫，听到《钧天》《广乐》的曲子，住到玉皇大帝居住的地方。低头俯视，只见亭榭楼阁宛如层层叠叠聚积的土块、堆起的柴薪。于是，穆王心旷神怡，觉得就是在这里住上几十年，也不会思念自己的国家。

幻术师又请穆王继续同游，所到之处，上看不见日月，下望不见河海。光影照耀，眼花缭乱，使人头晕目眩不能正视；音响纷沓，耳接不暇，使人神昏闻乱不能倾听。穆王浑身上下、脏腑形骸悸恸得神飞情摇，难以专注。穆王在精神迷惘之中请幻术师让他回去，幻术师把穆王轻轻一推，他就好像从空中掉了下来，回到了自己所处的地方。一看他坐的还是先前所坐的地方，左右侍奉他的还是原来的旧人。看看眼前，酒还没澄清，菜肴还未晾干。穆王问左右的侍者："我刚才从哪里回来？"左右的人回答："大王，您只不过是静默了一会儿。"从那以后，穆王精神恍惚，三个月后才渐渐恢复过来。穆王再问化人是怎么回事？幻术师回答："我与大王不过是神游罢了，形体何尝移动过呢？何况前边所居住的宫殿，有哪里不同于大王的宫殿呢？前边所游的地方，又有哪里不同于大王的庭院呢？大王习惯了那些实有的旧物，才会对这些稍纵即逝的虚幻之物感到疑惑。幻术变化，奥妙无穷，瞬息之间，怎么能把它捉摸透呢？"

这是一篇近乎神话的故事，却也是一篇对幻术最高境界的描绘。先哲列御寇对幻术有如此深刻的认识、如此精准的界定，是非常难能可贵的。他所列举的幻术现象，在后世是有迹可寻的。比如幻术师能进入水火之中，穿过金属岩石，能翻倒山河，移动城市，悬在空中不会坠落，碰到实物不被阻碍，这些奇异现象就是后来幻术中常用的水遁、火遁、金遁、木遁、土遁和空中悬人。让周穆王神游仙境可能是原始的催眠术、心理幻术。世界上的许多幻术，无论是手法幻术、道具幻术还是心理幻术，都是在幻术师巧妙引导下，加上观赏者的体验想象共同完成的。周穆王的种种感受就是这样。正如前面所说的，幻术既能改变事物的形状，又能改变人的思想。

四、老成子学幻

《列子》中还记载着老成子学幻的故事：

老成子学幻于尹文先生，三年不告。老成子请其过而求退。尹文先生揖而进之于室。屏左右而与之言曰：
昔老聃之徂西也，顾而告予曰："有生之气，有形之状，
尽幻也。造化之所始，阴阳之所变者，谓之生，谓之死。
穷数达变，因形移易者，谓之化，谓之幻。造物者其
巧妙，其功深，固难穷难终。因形者其巧显，其功浅，
故随起随灭。知幻化之不异生死也，始可与学幻矣。"
吾与汝亦幻也，奚须学哉？老成子归，用尹文先生之言，
深思三月；遂能存亡自在，翻校四时；冬起雷，夏造冰。
飞者走，走者飞。终身不箸其术，故世莫传焉。

说的是老成子向尹文先生学习幻术，可是，三年都没有教他。老成子
请教尹文先生自己有什么过失吗？而后请求退学回家。尹文先生拱手
施礼请老成子到内室里去，屏退左右的人，对他说："昔日，老聃去
西方游历的时候，回头对我说：'有生的是气，有形的是物，都是变
幻不定的。开天辟地的时候，阴阳变化，阴变阳者谓之生，阳变阴者
谓之死。寻求自然的规律，通达变化的本原，因物体不同而转移变化
的，称为化，称为幻。大自然的巧妙奥秘，功力深厚，本来就难以穷
尽，难以深究。根据形体而产生的变化，机巧明显，功力浅薄，所以
随生随灭。只有知道幻化与生死有相同的道理，才可以学习幻术。'
再说，我和你的存在也是一种幻象，还须学习幻术吗？"老成子回去
后，根据尹文先生的话深思了三个月，于是能自由自在地时隐时现，
又能翻交四季，使冬天打雷、夏天结冰，使飞鸟在地上走、走兽在天
上飞。但终生没有把这些幻术记录下来，因此没有流传后世。这里虽

然说了一些玄而又玄的道理，但是它告诉我们一个基本史实是：在3000年前中国不但有幻术存在，而且有传授幻术的渠道，同时说明学习幻术，需要很高的智慧和修养。

五、钟离春以幻术进谏

钟离春，即无盐丑女，是战国时期齐宣王的王后，是历史有载的第一位女幻术家。钟离春既擅长隐身术、隐语术，又会占卜术，她曾智解玉连环，弹蒲弦琴，布阵而胜秦燕，解齐国之危。钟离春不仅是一位幻术高手，更是一位有修养的政治家。她的事迹见于《史记》与《列女传》中。无盐之丑女，年近40还未出嫁，但她聪慧过人，并有安邦治国之志。对当时齐国朝纲不振、国运衰微深感忧虑，遂冒死前往雪宫台请见齐宣王，以幻术为引导陈述居安思危的道理，为宣王采纳，后帮助齐宣王治理朝纲。史称："齐国大治，丑女之功也。"

据《列女传·齐·钟离春》记载：

钟离春者，齐无盐邑之女，宣王之正后也。其为人极丑无双，臼头，深目，长壮，大节，卬鼻，结喉，肥项，少发，折腰，出胸，皮肤若漆。行年四十，无所容入，衒嫁不雠，流弃莫执。于是乃拂拭短褐，自诣宣王，谓谒者曰："妾齐之不雠女也。闻君王之圣德，愿备后宫之埽除，顿首司马门外，唯王幸许之。"谒者以闻，宣王方置酒于渐台，左右闻之，莫不掩口大笑曰："此天下强颜女子也，岂不异哉！"于是宣王乃召见之，谓曰："昔者先王为寡人娶妃匹，皆已备有列位矣。今夫人不容于乡里布衣，而欲干万乘之主，亦有何奇能哉？"钟离春对曰："无有。特窃慕大王之美义耳。"王曰："虽然，何善？"良久曰："窃尝善隐。"宣王曰："隐固寡人之所愿也，试一行之。"言未卒，忽然不见。宣王大惊，立发隐书而读之，退而推之，又未能得。明日，又更召而问之，不以隐对，但扬目衔齿，举手拊膝，曰："殆哉殆哉！"如此者四。宣王曰："愿遂闻命。"钟离春对曰："今大王之君国也，西有衡秦之患，南有强楚之雠，外有二国之难。内聚奸臣，众人不附。春秋四十，壮男不立，不务众子而务众妇。尊所好，忽所恃。一旦山陵崩弛，社稷不定，此一殆也。渐台五重，黄金白玉，琅玕笼疏翡翠珠玑，幕络连饰，万民罢极，此二殆也。贤者匿于山林，谄谀强于左右，邪伪立于本朝，谏者不得通入，此三殆也。饮酒沈湎，以夜继昼，女乐俳优，纵横大笑。外不修诸侯之礼，内不秉国家之治，此四殆也。故曰殆哉殆哉。"于是宣王喟然而叹曰："痛乎无盐君之言！乃今一闻。"于是拆渐台，罢女乐，退谄谀，去雕琢，选兵马，实府库，四辟公门，招进直言，延及侧陋。卜择吉日，立太子，进慈母，拜无盐君为后。而齐国大安者，丑女之力也。君子谓钟离春正而有辞。诗云：

"既见君子，我心则喜。"此之谓也。颂曰：无盐之女，
干说齐宣，分别四殆，称国乱烦，宣王从之，四辟公门，
遂立太子，拜无盐君。

大意是说，钟离春是战国时齐国无盐邑人，是中国有名的"四大丑女"之一，她广额深目，高鼻结喉，驼背肥颈，长指大足，长得像个男人，而且头发枯黄，皮肤黝黑如漆，又不会打扮，相貌十分丑陋。当时正是齐宣王即位之后，重用田忌、孙膑，整顿国政，齐国声威大震之时。齐宣王自恃其强，耽于酒色，又于城内筑雪宫宴乐，还辟郊外四十里为苑囿狩猎，又聚游客数千人于稷门立左右讲室，日事议论而不修实政，嬖臣专权，忠臣心离。这时的齐国，其实在繁荣的掩盖下正走向衰败。钟离春担心国家的安危，于是设法面见齐宣王。一天，齐宣王在雪宫大摆宴席，盛陈女乐。她来到宫门外说："我是齐之无盐人，叫钟离春。闻大王游宴于此，特来求见，愿入后宫，侍奉大王。"守门卫士奏知宣王，被招进宫去。群臣侍宴者见她如此丑陋竟想入后宫为妃侍，都掩口而笑。宣王问："我宫中妃侍已备，你貌丑不容于乡里，以布衣欲干千乘之君，难道你有特殊才能吗？"钟离春说道："我擅长隐身术！"齐宣王顿时来了兴趣说："隐身一直是寡人的愿望，能不能在寡人面前试试？"还没等齐宣王说完话，钟离春就突然消失了，齐宣王非常惊奇，到处找钟离春都没有找到，翻阅他珍藏的有关隐身术的书籍，照其中的方法去试验却没有能成功。第二天一早，齐宣王派人再次找来钟离春，本来想问问她隐身术的奥秘，钟离春却开始了她的第二次表演。她扬目炫齿，举手再四，拊膝而呼："危险啊，

危险啊！"宣王不解其意。钟离春说："我扬目，表示烽火之变；炫齿，代王惩拒谏之口；举手，代王挥谗佞之臣；拊膝，代王拆游宴之台。"这便是她特有的隐语之术、预测之术。齐宣王大怒，认为她太放肆了要杀她。钟离春并无惧怕之意，她说："请求大王容我说明您的四失再杀我吧。现在国家正处于西有秦国，南有强楚，与齐争胜，大王内无良将，边备渐弛，必受其患，这不是很危险吗？所以我扬目而视。我听说'君有诤臣，不亡其国；父有诤子，不亡其家'。大王内耽女色，外荒国政，不纳忠谏，这不是很危险吗？所以我炫齿为王受谏。大王信用阿谀虚谈之人，我担心有误社稷，这不是很危险吗？所以我举手为王挥去。大王筑宫囷台榭陂池，殚竭民力，虚耗国赋，这不是很危险吗？所以我拊膝代王拆掉。大王您这四失，危如累卵，仍偷目前之安，不顾异日之患。我冒死上言，倘蒙采听，虽死无恨。"齐宣王听罢，如梦初醒，深受感动，说："没有钟离氏的话，我还不明白我的过错。"于是当时就罢宴，并运用占卜之术选择了良辰吉日，把钟离春接到后宫，立钟离春为王后。并且"拆渐台，罢女乐，退谄谀，去雕琢，选兵马，实府库，四辟公门，招进直言，延及侧陋"，使齐国得以大治。至今民间仍流传着"无盐娘娘长得丑，她为齐国定邦基"的传说。在嘉祥汉代武氏祠画像石中，就有"无盐君钟离春与齐宣王"二人的带铭画像。

从幻术专业的角度来看，钟离春是一位很优秀的幻术家。她擅长隐身术，其变化神速，技艺高超，使得齐宣王难以破解；她还擅长隐语术、预测术，表情既神秘又夸张，扬目炫齿，举手拊膝而呼，先声夺人，引人注目，但更进一步说，她的预测术是建立在科学分析的基础之上，方使齐宣王信服。无盐娘娘的成功，是与她擅长幻术表演分不开的。江湖上有句俗话："腥加尖赛神仙。"所谓"腥"指虚张声势以假乱真的夸张表演，所谓"尖"则指具有精彩技艺的真功夫。腥与尖相结合的幻术才能出神入化。无盐娘娘的幻术就有这种特点，她的所作所为从一个侧面表明，中国幻术重巧思、重技艺、重表演的传统由来已久，根深蒂固。

六、幻术师东海黄公

汉代百戏中有一个著名的节目《东海黄公》，中国戏剧史学者几乎一致认为它是我国最早的戏剧项目。但就东海黄公这个人物而言，却是秦代一个以巫师术士面目出现的幻术家和驯兽师。汉代科学家、文学家张衡在《西京赋》中对其表演做过如下描写：

> 东海黄公，赤刀粤祝。冀伏白虎，卒不能救。挟邪作蛊，于是不售。

《西京杂记》对东海黄公的故事与演出，则有更加详细的记载：

> 余所知有鞠道龙，善为幻术，向余说古时事："有东海人黄公，少时为术，能制御蛇虎。佩赤金刀，以绛缯束发，立兴云雾，坐成山河。及衰老，气力羸惫，饮酒过度，不能复行其术。秦末有白虎见于东海，黄

公乃以赤刀往厌之。术既不行，遂为虎所杀。三辅人
俗用以为戏，汉帝亦取以为角抵之戏焉。"

南阳汉画像石——东海黄公

张衡、葛洪都是深知幻术的学者，他们讲的幻术故事入木三分。
李善在注平子《西京赋》时引了《西京杂记》，并说"皆伪作之也"。
薛综注：

东海有能赤刀禹步，以越人祝法厌虎者，号黄公。

东海，指东海郡，汉高祖时置，与颍川、南阳同属大郡。《汉书·地
理志》云："俗俭啬爱财"，"多巧伪"。在这种环境下出现黄公这样
的"巧伪"之人就不足为奇了。这位居住在东海之滨的黄公，年轻时
就会"立兴云雾，坐成山河"等幻术，又能"制蛇御虎"。能"制服
虎蛇"的是地道的幻术家和驯兽师，可他的表演方式却是"赤刀粤祝"
即画符念咒，是以巫师作法的面目出现的。最后由于他年老体弱斗不

过老虎，终于被虎所杀，这说明他并没有通神之术，而只是位既会幻术又会驯兽的演员。黄公的故事反映出这么一个事实，战国末期，许多方士、巫师与幻术师往往是合二为一的。

东海黄公对中国幻术产生过深远影响。首先从他演出的节目来看，"立兴云雾""坐成山河""制蛇御虎"等在后世的幻术演出中多次出现，流传了很长时间。《齐鲁非物质文化遗产丛书》第六部《传统体育与杂技》中还收集到一首锣歌子，其中有这样四句"小小罗圈手中耍，师祖爷黄公留下。里面藏龙又卧虎，套来套去走天涯"。"锣歌子"是民间幻术艺人表演的开场白，往往是介绍所演节目的来源，也是撂地艺人招徕观众的一种方式，通常一边敲锣一边说唱，因此称为"锣歌子"或"锣赞"。这首流传于山东东海之滨的"锣歌子"中所提到的"罗圈"，正是古老的传统幻术《罗圈献彩》，而"师祖爷黄公"显然就是东海黄公。

《东海黄公》的表演形式其影响相当深远。黄公的外在形象和举动十分神秘怪诞，一条大红丝带束住黄公的头发，他手中拿着赤金刀，口里念着"粤祝"，脚下迈着"禹步"。黄公口中念叨着的"粤祝"，所谓"祝"，是指作法术时念的口诀，即咒语。咒语属于古老的泛宗教文化形态，或曰亚宗教文化形态，它虽然只是一种语言，却是古人驱邪禳灾的一种形式，咒语是促使事物变化的手段，是巫师、方士、道士作法不可分割的组成部分。这种咒语，据说黄帝时已出现。相传黄帝有两位臣子均精于医术，一为岐伯氏，一为祝由氏，后代用咒语治病，据说就是从祝由氏传下来的。后世称为"祝由科"或"祝由法"既包括江湖郎中的巫医、巫术，又是民间幻术的一个分支。所以，黄公作法时是要念诵咒语的。黄公念的还不是一般的咒语，而是"粤祝"，是用南方土语来念咒。"粤"是古族名，即今天广东一带。先秦时代的粤是一个未开化的地方，粤人迷信鬼神道巫直至汉唐时代，"粤巫"在巫道界一直较有名气。黄公的"粤祝"虽然没有人能听懂，但正因为无人能懂，才具有神秘感与惊悚性。

　　东海黄公是目前我们所知道姓氏的第一位秦代幻术师，秦汉以降的幻术表演大都采取黄公这种表演方式。原因在于，在巫风盛行的古代，这种表演方式对观众来说更显神奇。变幻必须画符念咒的巫术形式，在民间幻术表演中流传下来。中国幻术表演讲究"手眼身法步"也是在这个基础上逐步积累起来的，"手"即手势；"眼"即眼神；"身"即身段；"法"即法术，即是画符念咒；"步"即步伐，逐步形成中国幻术独特的程序化的表演模式。

幻术兴于两汉

第三章

汉代，是一个声势显赫的朝代，封建大一统王朝在四百年中基本维持稳定，国家的政治、经济、军事、外交、文化取得了巨大的成就。这一时期也是幻术大为发展的时代。我国幻术在汉代得到迅速发展，是由当时的社会历史条件决定的。经过西汉初年"文景之治"的休养生息，汉代生产力迅速发展，国力强盛。汉武帝为联合西域诸国抗击匈奴，派张骞凿通了丝绸之路，中外来往频繁。由于外交活动的需要，幻术杂技百戏被推上了历史舞台。幻术是一种视觉艺术，不受语言限制，表现神奇，最宜招待外宾，自然备受青睐。春秋战国时期，齐、楚、燕等国游艺活动已相当发达，秦始皇统一六国后，将大批艺人集中于咸阳。及至汉代，宫廷中还有大批前朝留下来的"秦倡"，为发展汉代宫廷艺术奠定了队伍基础；西域来汉的外国使团，为配合其外交活动，也多带幻术师来表演，并与中国同行交流，从而打通了中外幻术交流渠道。千百年来幻术连绵不断的相互交流，促进了中国幻术的发展，促进了世界幻术的发展。

一、汉武帝的奇戏盛会

史籍记载我国首次大规模幻术表演出现于公元前 108 年。汉武帝刘彻是位有雄才大略的君主，为了联合西域各国抗击匈奴，派遣张骞出使西域。张骞经过 18 年艰苦努力，终于由安息回国。安息国王派使团随同回访，并且带来了鸵鸟蛋等当地特产作为礼品回赠，随团来的还有两名罗马籍幻术家。汉武帝接受朝贺之后大为高兴，除了给客人们以丰厚的赏赐外，还在长安专供皇室休养、游乐的"上林苑"设"酒池肉林"，举行了一场规模空前的幻术、杂技、马戏演出来招待四夷之客。

据《史记·大宛列传》记载：

> 汉使至安息，安息王令将二万骑迎于东界……汉使还，而后发使随汉使来观汉广大，以大鸟卵及黎轩善眩人献于汉。……天子大悦……于是大觳抵，出奇戏诸怪物，多聚观者，行赏赐，酒池肉林，令外国客遍观各仓库府之积，见汉之广大，倾骇之。及加其眩者之工，而觳抵奇戏岁增变，甚盛益兴，自此始。

《艺文类聚》引《汉武故事》载：

> 未央庭中，设角抵戏，享外国，三百里内观。角

抵者，使角力相触也，其云雨雷电，无异于真，画地
为川，聚石成山，倏忽变化，无所不为。

《汉书》所载"（元封）三年春，作角抵奇戏，三百里内皆观"。
元封三年春，即公元前108年的春天，"角抵"是当时对杂技的统称，
"奇戏"是当时对幻术的统称。这是史籍所记载的中国第一次宫廷举
办的中外合璧的文艺表演盛会，也是有史以来的第一次记载，把幻术
作为艺术表演推上外交舞台，意义深远。

这场中外合璧的文艺表演盛会是在长安城的上林苑平乐观举行
的，看台居高临下，用华丽的帐帷分隔座次，皇帝凭靠着玉石茶几，
拥着翡翠色的被子和大臣、外宾一面饮宴，一面欣赏中外艺术家们的
表演，周围三百里的老百姓也赶来观看。演出的内容有"大角抵"，
即扩大了范围的角抵戏，包括角力、举重、飞剑、跳丸等杂技；"出
奇戏"即变化多端的各类幻术；"观诸怪物"是展览汉武帝所珍藏
的奇禽异兽。这次盛会不仅集中了中国传统的鱼龙百戏，外国的艺
术家们也演出了富有西域情调的幻术杂技节目，有罗马幻术师的
"吞刀""吐火""自缚自解"，缅甸人的"竿技"和印度人的"弄
蛇"等。

汉武帝的奇戏盛会在张衡的《西京赋》中有生动描述。张衡（78—
139年），字平子，东汉南阳人，学识渊博，通五经、天文、历算、
机械制作，既是科学家又是文学家，在科学史和文学史上占有重要的
地位。东、西二京赋，为其代表作，其《西京赋》中用较大篇幅描述
了宫廷百戏的演出盛况，现将与幻术相关段落摘录于下：

大驾幸乎平乐，张甲乙而袭翠被。攒珍宝之玩好，纷瑰丽以佁儗。临迥望之广场，程角抵之妙戏……华岳峨峨，冈峦参差。神木灵草，朱实离离。总会仙倡，戏豹舞罴。白虎鼓瑟，苍龙吹箎。女娥坐而长歌，声清畅而蜲蛇。洪涯立而指麾，被毛羽之襳襹。度曲未终，云起雪飞。初若飘飘，后遂霏霏。复陆重阁，转石成雷。礔砺激而增响，磅蓋象乎天威。巨兽百寻，是为漫衍。神山崔巍，歘从背见。熊虎升而拏攫，猿狖超而高援。怪兽陆梁，大雀踆踆。白象行孕，垂鼻磷囷。海鳞变而成龙，状婉婉以昷昷。舍（含）利颰颰，化为仙车，骊驾四鹿，芝盖九葩。蟾蜍与龟，水人弄蛇。奇幻倏忽，易貌分形。吞刀吐火，云雾杳冥。画地成川，流渭通泾。东海黄公，赤刀粤祝。冀厌白虎，卒不能救。挟邪作蛊，于是不售……于是众变尽，心醒醉。般乐极，怅怀萃。

真是一场变化多端的豪华宫廷幻术表演。既有女娥、洪涯等仙人，白虎、白象等灵异动物奇技异能表演，又有天气、景色、音响等大型幻景变化；既有东海黄公戏剧式的幻术表演，又有鱼龙漫衍等大型乔装幻术表演。这些美妙变化表现的都是中国传统神话中的人物景色。这些神人仙兽各有典故，在表演中展现。从张衡生动形象的描述来看，汉代宫廷幻术不仅数量多，而且规模宏大，色彩绚丽。

这次国际奇戏大汇演，收到了汉武帝预期的效果。通过演出展示了中华民族勇敢、智慧、热情的性格和国家的富饶，使得外国来宾大为惊叹，从而沟通了东方汉帝国与西方罗马、中亚安息等国之间的经济友好关系，达到了吸引西域诸国结好汉室、共同对付强敌匈奴的外交目的，同时为东西方文化交流揭开了序幕。从元封三年开始，百戏大汇演成了汉帝国外交活动的一项传统项目。除偶因叛乱、灾荒暂时罢演之外，西汉二百年间常常举行，故《史记》载："觳抵奇戏岁增变，甚盛益兴，自此始。"

鱼龙漫衍

　　"鱼龙漫衍"或书写为"鱼龙蔓延"，简称"鱼龙"，是汉代众多幻术中记录最完整的节目，也是我国本土幻术的代表作之一。"鱼龙"和"漫衍"是两个互相关联的大型幻术节目。"鱼龙"有时单独演出，称"鱼龙之戏"。有时与"漫衍"联合演出称"鱼龙漫衍"。"鱼龙"在汉代是一个非常重要的节目，由于含有吉祥寓意且表演精彩，往往成为"百戏"的代名词，时常用它来统领所有的表演艺术，称为"鱼龙百戏"。《平乐观赋》有"鱼龙漫衍，岷蜓山阜"；张衡在《西京赋》中曰"巨兽百寻，是为漫衍"，形容它有800尺长。从"神山崔巍，欱从背见"的句子看来，可能这只巨大的奇特动物行进至看台前时，背上突然出现了一座"仙山"。山上有熊虎升而挐攫，猿狖超而高援。与"漫衍"相比，"鱼龙"的变化更加瑰丽。"鱼龙"是皇室岁首，大朝受贺时，大作乐必备的节目。《后汉书·礼仪志》中曰：

　　正月旦，天子幸德阳殿，临轩。公、卿、将、大夫、

> 百官各陪朝贺……作九宾彻乐。舍（含）利从西方来，戏于庭极，乃毕，入前殿，激水化为比目鱼，跳跃嗽水，作雾障日。毕，化成黄龙，长八丈，出遨戏于庭，炫耀日光。

蔡质《汉仪》李贤注《汉官典职》中亦有类似记载。《西京赋》有"海鳞变而成龙，状婉婉以昷昷。舍（含）利飔飔，化为仙车"的描述；"鱼龙"的表演程序是先出现一头象征吉祥的瑞兽，名为"含利"。"含利"为传说中的神兽，据说它能吐金块。（"性吐金，故含利。"见《西京赋》薛综注）"含利"于庭院水池边跳跃击水，忽而化为一条比目鱼，依然欢跃不止，并抬头吐水，顿时水雾迷蒙，遮蔽了日光。刹那间这条比目鱼又变成了一条八丈长的黄龙，出水游戏，光彩夺目，令人叹为观止。这是一套完整而精彩、多层次变化的幻术。在后世人看来，这样的表演似乎是不可能的，首先这样外形奇特会喷水的巨兽和黄龙都是现实生活中没有的，鱼怎么能够变成七八丈的龙尤其难以解释，因而后世大多认为这不过是一个传说而已。可是我们在汉代画像石中发现了一些类似鱼龙漫衍的画面。如山东枣庄汉墓画像石"观水嬉图"，四川郫县汉墓二号石棺上有巨鳌托山的形象。沂南石刻《百戏图》组画描绘的"侲僮戏兽"中吉祥之兽"含利"阔口大眼，身披毛皮，屈身跳跃，手执旗帜；前面一小孩身着羽衣，两手撑地，下肢腾起，对兽游戏，憨态可掬；其身后是由人扛着的彩扎大鱼，三个人摇着"兆鼓"逗引着；紧接是"鱼化为龙"，马遍体披鳞装扮成双角巨口的龙形，马背上驮着画卷，上端立着一个舞弄羽葆的小孩，龙马在摇鼓、节鞭引导下急促前进。小演员笑逐颜开，轻松自如地在奔腾的龙马背上舞弄羽葆。画像把"鱼龙"变化的三个重要环节描绘得相当生动。

　　鱼龙之戏其表演与至今尚存的水傀儡戏"金龙戏水"极为相似。在古代操纵傀儡做戏也是幻术表演的内容之一。象征财富的"含利"，象征和睦的比目鱼，象征真命天子的黄龙，这些瑞兽是以竹木为骨架，用彩绸扎制而成躯壳，都是灵物附体的傀儡。而这些傀儡是在水中这个特定的条件下变化多端。现今在中国很少见到水傀儡表演，而在与中原文化交流密切的越南尚有水傀儡"金龙戏水"的演出。看看他们的表演便可理解鱼龙之戏不是虚妄之言。"金龙戏水"常年在河内演出。

汉代沂南石刻百戏图局部——鱼龙之戏

大幕徐徐拉开，展现在眼前的舞台和常见的不同，舞台的前半部竟然是个水池，水池的后面是一座宫殿模样的建筑，建筑的屋檐上垂下一片竹帘。这时鼓乐声起。竹帘掀起一角，一只大小和 4 岁儿童相仿的木偶晃晃悠悠地走了出来。木偶有一双调皮的眼睛，咧着嘴唱起歌来。唱毕，可爱的小木偶"走"到插在水池中心的一根竹竿旁，点燃了挂在竹竿上的爆竹。在爆竹声中，一面面五颜六色的小旗子从水面上升起。这时，鼓点敲得更紧了。忽然，一条金龙跃出水面，接着又出现两头威风凛凛的麒麟，它们开始争夺木偶抛出的绣球，白色的仙鹤、慢吞吞的乌龟和大鲤鱼也跑来凑热闹；四条活灵活现的金色木偶龙，浮现于水上，刚出场时每条金龙嘴上喷出黄色或红色、蓝色之烟雾，翻腾于水波之中。继而金龙又潜入水中，抬头喷水，令人称奇……

"鱼龙之戏"与"金龙戏水"两者从角色到变化过程都有很多相似之处。"鱼龙之戏"的表演程序是：

（1）从西边出现一头象征吉祥的瑞兽"含利"。（2）"含利"在伥童逗引下，戏耍于庭院水池边。（3）"含利"忽然之间跳到水池之中，激起阵阵水花。（4）"含利"在水花的掩护下化成了一条象征和谐的比目鱼。（5）比目鱼继续欢跃嗽水，水雾迷蒙，遮掩了阳光。（6）在天昏地暗蛟龙出水的气氛中，那条比目鱼又变成了一条八丈长的黄龙浮出水面。（7）顿时云开雾散，黄龙遨游嬉戏于庭，在阳光的辉映下光彩灿烂。

伥童—4 岁儿童、瑞兽—麒麟、比目鱼—大鲤鱼、黄龙—金龙，喷水喷雾，时隐时现，变幻莫测，两者如出一辙。再来看看演出环境和设施，汉代鱼龙水戏与今日越南水傀儡舞台也有惊人的相似之处。山东枣庄汉墓画像石"观水嬉图"，描绘的很可能是鱼龙之戏的一个场面——"含利"入水化为比目鱼。如果把这幅画与当今越南的水傀儡戏加以比较，不难看出两者采用的演出形式、演出环境、操手位置、观众位置都很相似。从以上这些文图资料来看，汉代的鱼龙之戏确实存在应无疑义。

鱼龙漫衍之鱼化龙

从变幻的角度来看，这是一套变化奇特、高潮迭起、结构完整的大型幻术表演。其变化层次丰富，利用池水激荡，使陆地上的瑞兽顿

山东枣庄汉墓画像石"观水嬉图"

越南水傀儡戏台

时化为水中肥大的比目鱼，又在水雾掩护下使鱼变化为长长的黄龙。其构思之巧妙，道具之奇特，操纵技艺之高超，三次变化形象之鲜明，都是十分巧妙的幻术设计。尤其用水花浓雾来隐蔽机关过门，既合情合理，又新颖别致，是一个非常优秀的幻术节目；从操纵技艺的角度看它又是一场精彩的水傀儡戏。

自汉代以降，"鱼龙漫衍"这个节目深受历代朝野欢迎。从汉至清文士墨客常有涉及，梁元帝《纂要》："百戏起于秦汉，有鱼龙漫衍……象人怪兽，含利之戏。"《隋书·音乐志》："鱼龙漫衍之伎，常陈殿前。"唐柳永《破阵乐》词："绕金堤，漫衍鱼龙戏，簇娇春罗绮，喧天丝管。"宋陈济翁《蓦山溪》词："看水戏、鱼龙漫衍。"清黄遵宪《述闻》诗之四："鹧鸪往来谣语恸，鱼龙漫衍戏场多。"2000 年来"鱼龙漫衍"盛演不衰，堪称古典幻术的代表作之一。

二、方士、术士的把戏

幻术在汉代得到迅速发展，与社会上求仙问道思潮广为流行相关联。帝王求仙之举，可远溯至春秋战国。秦皇汉武均祈求长生不死。《史记·孝武本纪》云："孝武皇帝初即位，尤敬鬼神之祀。"汉武帝为了求得长生不死，无休止地想寻觅不死之药。除图永久享乐之外，亦有政治上的原因，通过求仙封禅，表示君权神授。

上有所好，下必效之。于是许多神仙、方士应运而生。汉世异术之士甚众。所以，《后汉书》特别开辟"方士列传"。这些人原本属于古神职人员，经过春秋战国的社会变革，成为社会流散作法的巫师、神汉、方士、术士。为了让人们相信他们确实有超人的本领，他们想方设法，巧设机关，表演幻术，获取皇帝的宠信。《史记·封禅书》就记载了不少方士巫师，如李少君、谬忌、少翁、栾大、巫锦、公孙卿、丁公、公玉带、丁夫人、虞初等。我们来看看这些怪迂阿谀苟合之徒，是如何愚弄汉武帝的。

招魂术

据班固《汉书·外戚传》载：

> 李夫人少而蚤卒，上思念李夫人不已，方士齐人少翁言能致其神。乃夜张灯烛，设帷帐，陈酒肉，而令上居他帐，遥望见好女如李夫人之貌，还幄坐而步。

> 又不得就视，上愈益相思悲感，为作诗曰："是邪，
> 非邪？立而望之，偏何姗姗其来迟！"……

由于汉武帝宠幸的李夫人新丧不久，汉武帝十分想念她，总是闷闷不乐。汉武帝身边的一名方士李少翁，利用这个机会施展起他的幻术表演以博得君主的信任。他先造舆论"言能致其神"，夜半时分在帷帐中陈设酒肉，点起灯烛营造出一种神秘气氛，以招引李夫人的"魂魄"；少翁让武帝在另一个帷帐中"遥望"，等待了相当长一段时间之后，武帝果真看见了在招魂帷帐内出现一位美人独坐其间，而且还会走动，很像李夫人的身影。因为隔着两重帷帐，可望而不可即，是真是幻，是虚是实，难以辨别。汉武帝便发出了"是邪，非邪？立而望之，偏何姗姗其来迟"的感叹。今天看来，方士少翁是精心设计了一套"美女来去"的幻术。他利用灯烛、帷帐便于隐藏与显现的特殊条件，变来或隐遁一个美女是很容易做到的。其巧妙之处是他营造出方士作法的神秘气氛，他让武帝"居他帐"遥望，并使其长期期待的心态达到极致，突然在招魂帷帐内出现人迹，使汉武帝感受到亦真亦幻的神秘效果。巧妙之处还在于只要蒙住了汉武帝一个人，就算大功告成。别人无法印证，使之成了千古之谜流传开来。

牛腹锦书

汉武帝体验招魂术之后对少翁大加礼敬，拜他为"文成将军"，

并将求仙长寿的使命拜托给他，无奈一直没有明确结果。少翁被逼无奈，竟然使出骗人招数，请人在绢帛上书写了怪异的语句，偷偷混在草料里喂牛，声言牛肚子中有锦囊。于是杀牛剖腹，帛书见了天日。后来汉武帝发现其中有诈，查到了代笔的人证，大为震怒，又怕张扬出去成为笑柄，只得杀了文成将军而隐之。

栾大斗棋

少翁之后又有栾大，他曾与少翁同师学习方术。汉武帝杀掉少翁后，惋惜他的法术没有全部使出来，乐成侯丁义揣摩出汉武帝的心思，就向汉武帝推荐了栾大。栾大是个有些谋略的方士。他身材高大俊美，比较健谈，他说自己在海上见过神仙，可以把仙方找来传给天子，又在汉武帝面前演示法力斗棋，让棋子之间不仅会互相靠近，而且能够自相撞击，令人为之一怔。让朝野一时难解的"斗棋"其实也是一套小戏法。《淮南子》一书中揭穿了其中的奥秘：

> 取鸡血与针磨捣之，以和磁石，用涂棋头，曝干
> 之置局上，即相拒不休。

意思是说，把铁针、天然磁石捣碎，碾成粉末，再用鸡血搅拌成浆状，涂在两枚很轻的棋子外面晒干。磁体有两极，同极相斥，异极相吸，利用这个原理，两枚棋子就在棋盘上斗个不停。可是那时的科学常识缺乏，简单的磁石现象，宫廷也无人知晓，觉得是了不起的法术神通。那时汉武帝正在为河水决口而忧虑，而炼黄金又不成功，见栾大神通

广大，就封栾大为五利将军。栾大还配有天士将军、地士将军、大通将军等印，并娶了卫子夫皇后给汉武帝生的第一个女儿——卫长公主，成为汉武帝的女婿。但不久汉武帝就发现了栾大的虚妄，五利将军最终落了个腰斩的可悲下场。

无论是招魂术、牛腹锦书还是斗棋，其实都是些粗糙的幻术。从以上三例可见汉代方士们的所谓方术，不过是幻术表演的一种特殊形式。对汉代这种社会现象，钱钟书在《管锥编》"封禅与巫蛊"一则中曾深刻指出：汉武帝恶巫蛊如仇敌，但自己又为巫蛊，这最可笑。堂皇于郊祀举行，为封禅（帝王于泰山或其南之梁父山上祭拜天地，以显示自身受命于天的一种礼仪）；秘密于宫中闱阁内施行，则为巫蛊，"形"式不同而"实"为一，都是崇信方术之士所为。因此，"巫蛊之兴起与封禅之提倡，同归而殊途者"。

三、百戏加以眩者之功

汉代帝王大都求仙好奇，直接影响到幻术的构思与创作。汉宫廷百戏讲究"加以眩者之工"，即每个节目都用幻术手法进行加工包装。张衡《西京赋》描写的是在西安的平乐观广场演出的情景，广场上的诸多变化，即是眩者之功的体现。汉代宫廷幻术多取材于三神山传说。关于"蓬莱、方丈、瀛洲"三神山的由来，起于战国。据《山海经·海内北经》记载：

蓬莱山在海中，上有仙人，宫室皆以金玉为之，

　　鸟兽尽白，望之如云，在渤海中也。

　　《列子·汤问》中记载更为详细：据夏革说，渤海之东不知道有几亿万里远的地方，有一个大壑谷。谷深无底，名为归墟。八方九天的水，银河的流，没有不注入归墟的，可是它里边的水好像无增无减一样。其中有五座山：一座名叫岱舆，二座名叫员峤，三座名叫方壶，四座名叫瀛洲，五座名叫蓬莱。这些山高低周围三万里。山顶平坦之处九千里。山与山之间相距七万里，山山相邻而居。山上楼台、寺观皆金玉镶饰，上边的珍禽异兽都是白色的。珍珠宝石之树到处都是，丰盛的奇瓜仙果美味可口，吃了以后能使人长生不老。那里居住的人都是仙圣的后代，一朝一夕各山飞相往来者，不计其数。五山之根没有相连的，常常随着潮落潮涨上下波动、漂游往还而没有片刻停止。仙圣们都以整日颠簸浮动为苦恼，上诉天帝。天帝唯恐这五座大山流向西极，使群仙众圣失去所居住的地方，于是便命令北方之神禺强派十五只巨大的海龟昂首载山，分三批互相轮流，六万年换一次。就这样，五座山才不颠簸浮动。但是龙伯之国有一巨人，举足没用几步就到了五座山前，一钓就得到六只海龟。他背起六只龟，很快回到自己的国家，烧灼它们的甲骨来占卜凶吉。于是，岱舆、员峤二山流于北极，沉到大海里边。神仙圣人流徙迁居的不计其数。天帝大为震怒，便渐渐缩减龙伯之国的土地，并使龙伯国人的个子越来越矮。《史记·封禅书》《汉书·郊祀志》也有所载：

　　自威、宣、燕昭使人入海求蓬莱、方丈、瀛洲。

此三神山者，其傅在勃海中，去人不远；患且至，则船风引而去。盖尝有至者，诸仙人及不死之药皆在焉。其物禽兽尽白，而黄金银为宫阙。未至，望之如云；及到，三神山反居水下。临之，风辄引去，终莫能至云。世主莫不甘心焉。及至秦始皇并天下，至海上，则方士言之不可胜数。始皇自以为至海上而恐不及矣，使人乃赍童男女入海求之。船交海中，皆以风为解，曰未能至，望见之焉。

实际上，秦始皇五次出巡均以失败告终，《汉书·郊祀志》所载：

汉兴，齐人少翁公孙卿栾大等，皆以仙人黄冶祭祠，事鬼使物入海求仙采药。少君言上，祠灶皆可致物，致物而丹沙可化为黄金，黄金成以为饮食器则益寿，益寿而海中蓬莱仙者乃可见之，以封禅则不死，黄帝是也。臣尝游海上，见安期生，安期生食巨枣，大如瓜。安期生仙者，通蓬莱中，合则见人，不合则隐。于是天子始亲祠灶，遣方士入海求蓬莱安期生之属……

三神山本是渤海之滨的海市蜃楼现象。战国时期，神仙学说盛行，方士们便把这种虚无缥缈的现象加以渲染，说成是海中的神山，山上有长生不死药，吸引了不少帝王的寻仙活动。齐威王是海上寻仙的第一人。当时的齐国是最为兴盛的国家，而齐国的港口活动主要在北方，即蓬莱一带。海上寻找"三神山"活动持续了几百年之久，到了秦皇汉武时期达到了鼎盛。

四、三神山与幻术创作

汉武帝相信海上有"三神山"达到了痴迷的程度。元封元年汉武帝不惜余力地派出船队远航，去海上寻访"三神山"，甚至他还亲自乘船到海上去探寻。汉武帝之所以这么不遗余力地到海上去巡游，以及去各地礼拜名山大川，其主要目的就是要见到海上的"三神山"，希望能够得到长生不死之药。但八次东巡也未能如愿。于是方士大为活跃，他们创造了一些奇迹，或找到了一些不经常见到的珍禽、异兽，或训练通灵的动物，通过奇妙的药石，来证明他们的神通广大，以博取帝王的信任。《史记·封禅书》说，那时候"齐人上书言神怪奇方者以万数"。《汉书·郊祀志》载：

> 而燕齐海上之方士，传其术不能通。然则怪迂阿谀苟合之徒自此兴，不可胜数也。

这当中就有不少涉及幻术的人和事。汉武帝所崇信过的李少翁、栾大、公孙卿等方士，均为幻术高手。在仙山难求之时，修各种"观""台"，开太液池，在池中仿造仙境，布置蓬莱、方丈、瀛洲、壶梁，以像海中神山，龟鱼之属。"平乐观"就是在这样的背景下修建的。大演模拟仙境的幻术就是在这样的背景下产生的。

《汉书·西域传》载：

> 于是广开上林，穿昆明池，营千门万户之宫，立神明通天之台，兴造甲乙之帐，落以随珠和璧，天子负黼依，袭翠被，冯玉几，而处其中。设酒池肉林以飨四夷之客，作巴俞都卢、海中砀极、漫衍鱼龙、角抵之戏以观视之。

这里记载了汉武帝仿造仙境来招待四夷宾客。盛宴中演出"海中砀极""漫衍鱼龙"，就是以幻术的手法演示三神山的神奇。《西京赋》更生动地描述了神山的景色与神奇变化。在前面奇戏盛会中已涉及，不再重复。

在平乐观广场上层层变化的美妙仙境，从汉代留下的百戏画像石来看，很可能是以戏车为载体，设置巧妙机关交相变化。三国薛综注：

> 仙倡，伪作假形，谓如神也。黑豹熊虎，皆为假头也。洪涯，三皇时伎人，倡家托作之，衣毛羽之衣，襱衣毛形也。

清楚说明展示的仙人仙境都是幻术师装扮伪造的。汉代画像石中有多个表现幻术题材的画面，如徐州铜山洪楼汉墓出土的三幅场面壮观的百戏图中各有数辆仙车，或自动行进，或由装饰为龙形的马匹拉动；车轮以彩绘的云纹遮掩，车上有巨人怪兽等形象。这似乎就是张衡所写的"云起雪飞"或"画地成川""转石成雷""鱼龙漫衍""鹿驾仙车"等幻术节目。显然，这些都取材于中国古代神话故事，模拟仙境中的神仙和珍禽异兽，饱含吉祥、平安、幸福的寓意。表达具有一定寓意和简单情节的幻术在汉代大为发展，也是中国古代幻术的一大特色，这也是本土幻术与西方幻术单纯显示技法迥然不同之处。汉代的幻术情景交融，给后世幻术的创作和表演带来深远的影响。它对后世的道具制作、戏曲机关布景、民俗乔装艺术的形成，都产生过积极的作用。

徐州铜山洪楼汉画像石——吐火、转石成雷、鱼龙之戏、鹿驾仙车等

五、新奇的西域幻术

汉代丝绸之路开通之后，西域各国幻术不断传来。特别是大秦的

影响最为显著。汉与大秦的交通，可以通过陆路与海路两条路线进出。前面提到过安息国把黎轩幻术师献给汉。黎轩属"大秦"的埃及亚历山大城，黎轩献来的善眩人是正史记载的外国最早来华的幻术师。此后西汉二百年间常常有外国幻术师来华，并带来一些西方流行的幻术节目。如《后汉书·陈禅传》提及：

> 安帝刘佑永宁元年（120年），西南夷掸国王献乐及幻人，能吐火，自支（肢）解，易牛马头。明年元会，作之于庭，安帝与群臣共观，大奇之。

吞刀吐火

张衡《西京赋》有"吞刀吐火，云雾杳冥"的描写。吞刀吐火这是两套貌似惊险的幻术。刀是锋利的，火是焚烧的，用口来吞吐，自然惊世骇俗，对表演者来说确实也是非常惊险的，由于这两术性质类似，后世也多以此并称。吐火一术在汉代尤为流行。元封三年安息进黎轩善眩人，韦昭注："眩人变化奇幻，口中吐火。"《后汉书·西南夷传》载："掸国王雍由调复遣使者诣阙朝贺，献乐及幻人，能变化吐火……"表明吐火是外来幻术的主要节目之一。

有关吐火，汉代画像石中也有反映。在山东嘉祥县刘村洪福院，有题为"霹雳缺列氏吐火施鞭画像石"，画中共有四人，左边一人蹲在地上，口中吐火，当中两人，一人直立，右手持一鞭，一人屈一膝于地上，两人左手握在一起，最右边一人，作回顾状；从画中人物的衣着发型等看来，都与中土的不同，是典型的西域术人形象。从题款为"霹雳缺列氏吐火施鞭"来看，吐火施鞭连用，很可能是模拟或象征天神电闪雷鸣；河南南阳发现的一块东汉百戏画像石上，其中有一位幻术师也在表演吐火，表演者其衣着头饰均为汉人式样，并与其他百戏节目协同演出，显然吐火节目已然汉化，成为中国幻术师喜爱的保留节目流传至今。

吞刀后来改为吞宝剑，将一柄长尺余的剑，从咽喉中插下去，不伤内体。后演变为我国民间流行幻术剑丹豆环的一部分。吞刀和吐火两个节目，经两晋、唐、宋一直流传下来，在近代民间的幻术表演里，还有人演出。

汉画像石——霹雳缺列氏吐火施鞭

自缚自解

这个节目也是汉代外来的幻术节目之一。《魏略》说："黎轩多奇幻，口中吐火，自缚自解。"自缚从文字上诠释，可能是指幻术师在顷刻之间，就自动被绳索捆缚上了。大约如今之"束指""缚腕"

一类节目，即能够随时解脱，又能迅速把自己身体的任何一部分重新缚上。这也可以反证汉代确曾有过这类节目。带绳的幻术后来发展成我国系列幻术之一。现存这类幻术节目中就有"单解金钱""缚手自脱""仙人脱靴""五花大绑"等。这些节目在 2000 多年的流传过程中，与中国文化相结合，逐渐浸染上中国特色。有个叫作"霸王卸甲"的节目，是把表演者重重捆绑起来，有时还缚上一些附加对象，在一眨眼的工夫全部解脱。这个节目现已成为国际魔术界公认的中国幻术代表作之一。演出的方法和形式在国内外已发展到十数种之多。

肢解术与易貌分形

张衡的《西京赋》里有"奇幻倏忽，易貌分形"的记载，永宁元年掸国王所献的幻人，则有"自支（肢）解，易牛马头"节目。这两项记载，可能是两类节目，也可能是一类节目的异称。如果说"易貌分形"是指把人的面貌改变或把一人分为数人，就是换影和分身术，与肢解、易牛马头有别；如果"易貌"即是"易牛马头"，"肢解"即是"分形"，那么两者就是同一类节目。"易貌分形"改变面貌分化身躯，在我国幻术节目中是常见的。在左慈戏曹、苏武牧羊，乃至当今十分流行的变脸中都有此类变化。美国魔术探究家泰博尔所著的《魔术教程》中，曾肯定"一人化三"是中国幻术；而肢解还原这类节目，从南北朝到清代也都有过演出。

山东汉墓画像石——百戏表演中出现的易貌分形幻象

如"杀孩不死""大卸八块"内行称为"大腥"活。至于"易牛马头"是牛马互易头还是人头易为牛马头呢？从幻术技法上讲，两种可能性都有。这种幻术是相当神秘和困难的，是否在汉代那样早的时期，就能够演出呢？有人怀疑在当时是不可能演出的，不过古代的文献记载，虽不一定百分之百地正确真实，但肢解易形的方法可有粗有精，如果说这些幻术在汉代已具雏形，或者用较为粗糙的方法演出，还是有可能的。新奇的西域幻术吸引了中原观众，独特的表演形式和丰富的题材内容，同中国本土幻术融合在一起，促进了中国幻术的发展。

六朝幻术在交融中发展

第四章

幻术经过两汉 400 年的扩充与提炼，到三国和魏晋南北朝时期，中国幻术水平有了进一步提高，构成幻术的四个要素——幻术道具研制、幻术程序设置、幻术技法的提炼以及表演技艺训练，日渐丰富与成熟，出现了庐江左慈、东吴徐光，以及西晋永嘉年间天竺胡人那样手法熟练、表演技艺高明的幻术师。在他们的推动下，手法幻术得到了迅速的发展，新节目数量骤增。安徽马鞍山东吴大将朱然墓藏彩绘漆几"宫闱燕乐百戏图"中为首的便是幻术师在表演"连环"。这套幻术一直流传至今，成为经过 2000 年的磨炼手彩幻术的代表作"剑丹豆环"之一种。

魏晋南北朝时期战争频繁、政治黑暗，统治者争权夺利、腐败堕落，苦难深重的平民百姓往往把希望寄托于宗教，寄托于来世。统治者便利用宗教来安抚百姓巩固统治，他们道貌岸然地提倡道教、佛教，修建庙宇，开凿石窟，给当时的文学、艺术留下了深深的印记。幻术与宗教颇有渊源，此时更是联系紧密。中国历史上，本土的道教和外

宫闱燕乐百戏图中绘有幻术师表演九连环形象

来的佛教，几乎同时出现于东汉末期，2000 年来，它们虽然此消彼长，时而互相攻击，时而互为补借，然而它们与幻术的关系，对幻术的态度，却完全相同。表面上，它们都重道轻术，宣扬仙佛神道法力神通为正宗，指斥幻术为妖魔邪术；实则，它们又都明目张胆地利用幻术手法来证明自己法力神通，以此来广聚信徒。反过来，民间的幻术艺人又常常依附于宗教，以仙人、道士、高僧的面目出现于世，以求得生计与地位。这种矛盾状态在魏晋六朝时期十分突出。北齐颜之推所著的《颜氏家训》，有这样一段话：

　　世有祝师及诸幻术，犹能履火蹈刃，种瓜移井，倏忽之间，十变五化。人力所为，尚能如此；何况神通感应，不可思量，千里宝幢，百由旬座，化成净土，踊出妙塔乎？

颜之推提供了仙人、道士、高僧、祝师的活动情况，他认为祝师的幻术是人力所为，而神通感应，不可思量，反映了当时社会对幻术、法术的看法。殊不知，仙佛道士们所谓的法术神通亦是幻术，只是罩上了一层宗教的面纱而已。下面我们来看看仙人、道士、高僧施行法术神通的具体行为，便可一目了然。

一、道化幻术大行其道

在中国，巫术衰落之后，于公元3世纪前后，出现了托言老庄的理论，集原始巫术于一体的道教。东晋时代著名道教理论家、赫赫有名的葛洪说：

> 若夫仙人，以药物养身，以术数延命，使内疾不生，外患不入，虽久视不死，而旧身不改。苟其有道，无以为难也。

道教徒们讲究修身养性，烧丹炼金，符篆役鬼，符水治病，鼓吹神仙可致。道教谓老而不死曰仙，即是仙是由人修炼而成。又将仙人分作五类：在人间称人仙，在天上称天仙，在地中称地仙，在水中称水仙，能神通变化者称神仙。《神仙传》中对仙人的奇技做了许多描述：或者耸身入云，无翅而飞；或者驾龙乘云；或者化为鸟兽，浮游青云；或者潜行江海，翱翔名山；或者吸食而气，辟谷茹芝；或者出入世间而人不识，或者隐其身而莫能见。似乎仙人可以上天入地，法力无所不能。

　　葛洪在他所著的《抱朴子》中有一段话，大意是："如果说世上没有仙人，以前哲人们所记下的神仙已近千人了，他们都是有名有姓和有神仙事迹可考的。如果说道术可望而不可即，学不到手的，那么那些活生生的事实，如变化自己或他人的形容面貌；吞刀吐火；在座位上忽而隐身；还有能作法兴云起雾，能集蛇虫鱼鳖，能把石头化成水，能把黄金溃成浆，能把玉石变为糖饴，能伸手入水不湿，能赤足踩刀刃不伤……这种变化无常的事情，总计有900多种吧，如果按道家的方法去修炼，没有不成功的，又为何不肯相信神仙可修成的事实呢？"仔细看看葛洪所说的仙人神迹，如三国时以幻术手法戏弄曹操的左慈，会倒悬术的甘陵人甘始，能顷刻种瓜结实的东吴人徐光，他们所谓的各有异术，其实都是幻术。葛洪的叔父葛玄，曾跟随左慈云游四方，他会"喷饭成蜂""种瓜结枣""水中取鱼""金钱变化"，亦是幻术高手，但没人称他为幻术师，当时人尊之为葛仙翁。今天来分析葛洪列举的900多种变化，真正能兑现表演的全都是传统幻术节目，许多节目流传至今。此后的年代，中国历史上出现了两类人物：一类是掌握幻术技法的艺人；另一类是常常要变几套小戏法来显现神通的仙翁、道士、高僧。《晋书·夏统传》载，夏统受人指使，去见两个女巫装神弄鬼，一名章丹，一名陈珠，皆国色艳服，善歌舞，又能隐形匿影，拔刀破舌，吞刀吐火，云雾杳冥。他当即识破她们，不过是两个表演歌舞幻术的艺人。在众多道士方士的幻术故事中，以"左慈戏曹"的故事最为典型。左慈就是以神仙面目出现的幻术大师。

葛仙吐火图

二、左慈幻术新特色

左慈于公元 3 世纪初在曹操举行的宴会上表演的一批幻术节目，生动地体现了这方面的成就。曹操为了巩固自己的政权，广泛收罗奇人异士。他受到黄巾起义军首领张角兄弟利用符水治病等方术行为招集群众的启发，认为把这些身怀奇术异能的方士招集到身边，可以防止他们"接奸宄以欺众，引妖孽以惑民"。因此，曹操与方士们处于一种表面安抚而暗中防范的状态。"左慈戏曹"的故事，正反映了当时这种状况。左慈其人其事，见于《后汉书·方术列传·左慈》：

> 左慈字元放，庐江人也。少有神道。尝在司空曹操坐，操从容顾众宾曰："今日高会，珍羞略备，所少吴松江鲈鱼耳。"放于下坐应曰："此可得也。"因求

铜盘贮水，以竹竿饵钓于盘中，须臾引一鲈鱼出。操大拊掌笑，会者皆惊。操曰："一鱼不周坐席，可更得乎？"放乃更饵钩沉之，须臾复引出，皆长三尺余，生鲜可爱。操使目前鲙之，周浃会者。操又谓曰："既已得鱼，恨无蜀中生姜耳。"放曰："亦可得也。"操恐其近即所取，因曰："吾前遣人到蜀买锦，可过敕使者，增市二端。"语顷，即得姜还，并获操使报命。后操使蜀反，验问增锦之状及时日早晚，若符契焉。

后操出近郊，士大夫从者百许人，慈乃为赍酒一升，脯一斤，手自斟酌，百官莫不醉饱。操怪之，使寻其故，行视诸炉，悉亡其酒脯矣。操怀不喜，因坐上收，欲杀之，慈乃却入壁中，霍然不知所在。或见于市者，又捕之，而市人皆变形与慈同，莫知谁是。后人逢慈于阳城山头，因复逐之，遂入走羊群。操知不可得，乃令就羊中告之曰："不复相杀，本试君术耳。"忽有一老羝屈前两膝，人立而言曰："遽如许。"即竞往赴之，而群羊数百皆变为羝，并屈前膝人立，云"遽如许"，遂莫知所取焉。

左慈戏曹《三国演义·左慈掷杯戏曹操》中描写的幻术节目更丰富离奇：

冬十月，魏王宫成，差人往各处收取奇花异果，栽植后苑。有使者到吴地，见了孙权，传魏王令旨，再往温州取柑子。时孙权正尊让魏王，便令人于本城选了大柑子四十余担，星夜送往邺郡。至中途，挑担役夫疲困，歇于山脚下，见一先生，眇一目，跛一足，头戴白藤冠，身穿青懒衣，来与脚夫作礼，言曰："你等挑担劳苦，贫道都替你挑一肩何如？"众人大喜。于是先生每担各挑五里。但是先生挑过的担儿都轻了。众皆惊疑。先生临去，与领柑子官说："贫道乃魏王乡中故人，姓左，名慈，字符放，道号乌角先生。如你到邺郡，可说左慈申意。"遂拂袖而去。取柑人至邺郡见操，呈上柑子。操亲剖之，但只空壳，内并无肉。操大惊，问取柑人。取柑人以左慈之事对。操未肯信，门吏忽报："有一先生，自称左慈，求见大王。"操召入。取柑人曰："此正途中所见之人。"操叱之曰："汝以何妖术，摄吾佳果？"慈笑曰："岂有此事！"取柑剖之，内皆有肉，其味甚甜。但操自剖者，皆空壳。操愈惊，乃赐左慈坐而问之。慈索酒肉，操令与之，饮酒五斗不醉，肉食全羊不饱。操问曰："汝有何术，以至于此？"慈曰："贫道于西川嘉陵峨嵋山中，学道三十年，忽闻石壁中有声呼我之名；及视，不见。如此者数日。忽有天雷震碎石壁，得天书三卷，名曰《遁甲天书》。上卷名'天遁'，中卷名'地遁'，下卷名'人遁'。天遁能腾云跨风，飞升太虚；地遁能穿山透石；人遁能云游四海，藏形变身，飞剑掷刀，取人首级。大王位极人臣，何不退步，跟贫道往峨嵋山中修行？当以三卷天书相授。"操曰："我亦久思急流勇退，奈朝廷未得其人耳。"慈笑曰："益州刘玄德乃帝室之胄，何不让此位与之？不然，贫道当飞剑取汝之头也。"操大怒曰："此正是刘备细作！"喝左右拿下。慈大笑不止。操令十数狱卒，捉下拷之。狱卒着力痛打，看左慈时，却鼾鼾熟睡，全无痛楚。操怒，命取大枷，铁钉钉了，铁锁锁了，送入牢中监收，令人看守。只见枷锁尽落，左慈卧于地上，并无伤损。连监禁七日，不与饮食。及看时，慈端坐于地上，面皮转红。狱卒报知曹操，操取出问之。慈曰："我数十年不食，亦不妨；日食千羊，亦能尽。"操无可奈何。

是日，诸官皆至王宫大宴。正行酒间，左慈足穿木履，立于筵前。众官惊怪。左慈曰："大王今日水陆俱备，大宴群臣，四方异物极多，内中欠少何物，贫道愿取之。"操曰："我要龙肝作羹，汝能取否？"慈曰："有何难哉！"取墨笔于粉墙上画一条龙，以袍袖一拂，龙腹自开。左慈于龙腹中提出龙肝一副，鲜血尚流。操不信，叱之曰："汝先藏于袖中耳！"慈曰："即今天寒，草木枯死；大王要甚好花，随意所欲。"操曰："吾只要牡丹花。"慈曰："易耳。"令取大花盆放筵前。以水噀之。顷刻发出牡丹一株，开放双花。众官大惊，邀慈同坐而食。少刻，庖人进鱼脍。慈曰："脍必松江鲈鱼者方美。"操曰："千里之隔，安能取之？"慈曰："此亦何难取！"教把钓竿来，于堂下鱼池中钓之。顷刻钓出数十尾大鲈鱼，放在殿上。操曰："吾池中原有此鱼。"慈曰："大王何相欺耶？天下鲈鱼只两腮，惟松江鲈鱼有四腮：此可辨也。"众官视之，果是四腮。慈曰："烹松江鲈鱼，须紫芽姜方可。"操曰："汝亦能取之否？"慈曰："易耳。"令取金盆一个，慈以衣覆之。须臾，得紫芽姜满盆，进上操前。操以手取之，忽盆内有书一本，题曰《孟德新书》。操取视之，一字不差。操大疑，慈取桌上玉杯，满斟佳酿进操曰："大王可饮此酒，寿有千年。"操曰："汝可先饮。"慈遂拔冠上玉簪，于杯中一画，将酒分为两半；自饮一半，将一半奉操。操叱之。慈掷杯于空中，化成一白鸠，绕殿而飞。众官仰面视之，左慈不知所往。左右忽报："左慈出宫门去了。"操曰："如此妖人，必当除之！否则必将为害。"遂命许褚引三百铁甲军追擒之。

褚上马引军赶至城门，望见左慈穿木履在前，慢步而行。褚飞马追之，却只追不上。直赶到一山中，有牧羊小童，赶着一群羊而来，慈走入羊群内。褚取箭射之，慈即不见。褚尽杀群羊而回。牧羊小童守羊而哭，忽见羊头在地上作人言，唤小童曰："汝可将羊头都凑在死羊腔子上。"小童大惊，掩面而走。忽闻有人在后呼曰："不须惊走，还汝活羊。"小童回顾，见左慈已将地上死羊凑活，赶将来了。小童急欲问时，左慈已拂袖而去。其行如飞，倏忽不见。

《三国演义》插图——左慈掷杯戏曹操

　　小童归告主人，主人不敢隐讳，报知曹操。操画影图形，各处捉拿左慈。三日之内，城里城外，所捉眇一目、跛一足、白藤冠、青懒衣、穿木履先生，都一般模样者，有三四百个。哄动街市。操令众将，将猪羊血泼之，押送城南教场。曹操亲自引甲兵五百人围住，尽皆斩之。人人颈腔内各起一道青气，到上天聚成一处，化成一个左慈，向空招白鹤一只骑坐，拍手大笑曰："土鼠随金虎，奸雄一旦休！"操令众将以弓箭射之。忽然狂风大作，走石扬沙；所斩之尸，皆跳起来，手提其头，奔上演武厅来打曹操。文官武将，掩面惊倒，各不相顾。

《三国演义》既然是"演义"，左慈的行径不免有许多夸张之处。在古代，不论小说或是正史，在写到佛道、方士、巫觋时，都会将他们写成奇人、异士、怪人。如若把它和真正的神话区别开来，去掉那些显然夸大的成分，就会发现这些人的原型其实就是各种吃宗教饭的幻术家。有些人是真的宗教家，幻术只是他们的手段或副业，其中自然也不乏江湖骗子。《三国演义》中的左慈即是一位一只眼失明、一条腿有残疾的先生，但他却无所不能，是个不食人间烟火、来去无踪的奇人。如果我们揭去其神秘的面纱，左慈显然就是一位技艺高超的幻术家。关于左慈的幻术，各书记载略有不同，左慈传中提及他先后表演了"金盆钓鱼""立时种姜""取酒不竭"等搬运法幻术。《三国演义》中描写的还有："飞杯化鸠""玉簪分酒""孟德新书""画龙取肝""顷刻种花""遁人不见""柑子搬运""易貌分身"等。这些节目有的在汉代已见雏形，有的却是曹魏时代的新作，如"飞杯变鸟""空竿钓鱼""金盘种姜""顷刻种花""酒脯搬运""玉簪分酒"这样的贴近生活的新节目。左慈的幻术别开生面、充满新意。它既不同于两汉以来常常上演的巨大无比的"漫衍"之类，又不似当时西域传来的"吞刀吐火""屠人杀马"等惊险恐怖的苦刑幻术，而是开拓出一种清新、小型多样、注重技巧的新型幻术。他往往借助生活中信手可得的小器物作道具，在四面观众围观下表演，因而既奇特，又充满了生活气息。这些节目虽然兴盛于三国和两晋，但起于两汉，是幻术师们按照中华民族自己的传统习惯和审美观念设计出来的新节目。中国戏法灵活机动、不怕围观、就地取材、信手拈来等特点，在左慈的幻术表演中均已现出了端倪。左慈的幻术是三国时期的重要代表。左慈神秘精彩的表演，经过小说《三国演义》的广泛传布，产生了很大的影响。许多节目传至今天仍然深受欢迎。

三、佛教大师的神通

东汉以来，佛教源源不断地传来，带来了印度（古称为天竺）犍陀罗艺术，也带来了印度的幻术。佛教也同样利用幻术来进行宣传活动。

佛教中的密宗最为神秘莫测，魏晋间进入中土的佛僧均习此道，人人有几套戏法，比如西域的康僧会，于三国时抵达江东，孙权见他时，他从空瓶中变出一颗舍利子，坚硬无比。孙权大为惊服，立即为他立庙建寺；后赵（330—352 年）统一北方时，天竺和尚佛图澄来到宫廷，他能预知未来，能在钵盂中变出莲花；后秦（383—417年）佛经翻译家鸠摩罗什，能大口吞针；再如《洛阳伽蓝记》所记北魏时来中国的僧人摩罗能咒枯枝生叶，能咒人变驴子，种种神奇变化，使善男信女们见了"莫不誓祈"。由于佛教的"轮回""报应"之说，比儒教、道教对待生死、贫富问题更有独到之处，再加上佛教提出"一切众生皆能成佛""顿悟成佛"等观念，上使帝王门阀士族，下至贫苦农民都竭诚信奉，因此，西晋以后，寺院林立，僧尼众多，佛教逐步对中国产生重大影响。与道教相比，外来的佛教对中国文化的影响则更为深远。民间有句俗话"外来的和尚好念经"，其实，外来的和尚也是利用幻术来打开局面的。佛教传入中国之初，特别重视现身说法。比如三国时西域康僧会的表演。

康僧会传法东吴

据《高僧传》记载：

> 康僧会，其先康居人，世居天竺。其父因商贾，移于交趾。会年十余岁，二亲并终，至孝服毕出家，励行甚峻，为人弘雅有识量，笃至好学，明解三藏，博览六经，天文图纬多所综涉，辩于枢机颇属文翰。

> 时孙权已制江左，而佛教未行。……

> 时吴地初染大法，风化未全。僧会欲使道振江左，兴立图寺，乃杖锡东游。以吴赤乌十年，初达建邺，营立茅茨，设像行道。时吴国以初见沙门，睹形未及其道，疑为矫异。有司奏曰："有胡人入境，自称沙门，容服非恒。事应检察。"

权曰:"昔汉明帝梦神,号称为佛,彼之所事岂非其遗风耶?"即召会诘问有何灵验。

会曰:"如来迁迹,忽逾千载,遗骨舍利,神曜无方。昔阿育王起塔,乃八万四千。夫塔寺之兴,以表遗化也。"

权以为夸诞,乃谓会曰:"若能得舍利,当为造塔。如其虚妄,国有常刑。"

会请期七日,乃谓其属曰:"法之兴废,在此一举。今不至诚,后将何及?"乃共洁斋静室,以铜瓶加几,烧香礼请。七日期毕,寂然无应。求申二七,亦复如之。权曰:"此寔欺诳。"将欲加罪。会更请三七,权又特听。

会谓法属曰:"宣尼有言曰:文王既没,文不在兹乎?法灵应降,而吾等无感,何假王宪。当以誓死为期耳!"三七日暮,犹无所见,莫不震惧。既入五更,忽闻瓶中枪然有声。会自往视,果获舍利。明旦呈权,举朝集观,五色光炎照耀瓶上。权自手执瓶泻于铜盘,舍利所冲盘即破碎。

权大肃然,惊起而曰:"希有之瑞也!"会进而言曰:"舍利威神,岂直光相而已,乃劫烧之火不能焚,金刚之杵不能碎。"权命令试之。会更誓曰:"法云方被,苍生仰泽,愿更垂神迹,以广示威灵。"乃置舍利于铁砧磓上,使力者击之。于是砧磓俱陷,舍利无损。权大叹服,即为建塔。以始有佛寺,故号建初寺,因名其地为佛陀里。由是江左大法遂兴。

康僧会在孙权面前的这次表演是精心设计的，他卖足了关子。经过二十一天的烧香礼请，真正吊足胃口，再从空瓶中变来结晶状的物体，并自称这是一颗来自如来佛身上的舍利子。据说每每高僧圆寂，火化后常有结晶状的物体出现，即舍利子。他让孙权亲自拿着瓶子把舍利子倒到铜盘里，铜盘竟然被击破，孙权又命人置舍利于铁砧磓上，使力者猛击之，于是砧磓俱陷，舍利无损。想来，康僧会所变出的这颗坚硬无比的舍利子或许是一粒当时中国人罕见的印度金刚石。一套小幻术使位高权重的孙权大为惊服，立即为他立庙建寺。从此使佛教佛寺在江南大兴，也足见眼见为实的幻术效果。

康僧会

佛图澄的神异故事

佛图澄是西域龟兹人（今新疆库车），出身王族，本姓帛氏。少年时出家学道，能背诵经文数百万言，善解文义。他自说，曾两次到罽宾国学法，受诲名师。西域的人都称说他已经得道。佛图澄智慧

佛图澄

极为出众，每每能预测出兵事吉凶，佛图澄还有高明的医术能治病救人，佛图澄的渊博学识、超群智术和热忱讲导，很快赢得了僧众的欢迎和爱戴。晋怀帝永嘉四年（310年），佛图澄不顾七十九岁的高龄，毅然徒步万里穿越流沙大漠来到洛阳，志弘大法。他的神异表演成了他取得信众信任的敲门砖。

据《高僧传》载：

佛图澄，天竺人也。本姓帛氏。少学道，妙通玄术。永嘉四年，来适洛阳，自云百有余岁，常服气自养，能积日不食。善诵神咒，能役使鬼神。腹旁有一孔，常以絮塞之，每夜读书，则拔絮，孔中出光，照于一室。又尝斋时，平旦至流水侧，从腹旁孔中引出五脏六腑洗之，讫，还内腹中。又能听铃音以言吉凶，莫不悬验。及洛中寇乱，乃潜草野以观变。石勒屯兵葛陂，专行杀戮，沙门遇害者其众。澄投勒大将军郭黑略家，黑略每从勒征伐，辄豫克胜负，勒疑而问曰："孤不觉卿有出众智谋，而每知军行吉凶何也？"黑略曰："将军天挺神武，幽灵所助，有一沙门智术非常，云将军当略有区夏，己应为师。臣前后所白，皆其言也。"勒大喜，曰："天赐也。"遂召澄问曰："佛道有何灵验？"澄知勒不达深理，正可以道术为征。因而言曰："至道虽远，亦可以近事为征。"即取应器盛水，烧香咒之，须臾生青莲花，光色耀目。勒由此信服。澄因而进谏石勒曰："夫王者，德化洽于宇内，则四灵表瑞；政弊道消，则彗孛见于上。恒象着见，休咎随行，斯乃古今之常征，天人之明诫。"

佛图澄本想在洛阳建立寺院，广弘佛法，但这时刘曜进犯洛阳，京城陷入一片混乱之中，修建寺院的愿望没能实现，他只好潜隐山林，静观事态的变化。当时石勒屯兵葛陂，专以杀人来显示自己的军威，很多和尚都被杀害了。佛图澄怜悯苍生，想以佛理来感化石勒，于是带着锡杖，来到石勒军营。他教化石勒的部将郭黑略，略更从澄受五戒，执弟子礼。此后，郭黑略每次跟从石勒征战，都能事先知道战斗的胜负。石勒感到很奇怪，问他是什么缘故？郭黑略说："有位和尚具有非同寻常的术智，我能预知吉凶，都是听了那位和尚所言。他还说石勒当为华夏之主，而他应为石勒之师。"石勒认为是上天的恩赐，于是赶紧召见佛图澄，问道："佛法有什么灵验的地方呢？"佛图澄料到石勒不会明白佛家深奥的道理，只能以法术来征服他，于是说："至高无上的道虽然离我们很远，但也能用身边的事作验证。"他拿出随身携带的钵盂盛上水，并烧香念咒，那盆平静无痕的清水突然生长出一朵洁白的莲花，鲜艳夺目，顿时馨香盈室，并且说："我的心就像这朵净莲一样高洁无染！"石勒当下信服。佛图澄顺势向石勒进言道："凡是王者的德化普施天下，就会出现灵瑞；相反，若政治败坏仁风消退，天上就会出现彗星，吉凶也就随之而来，古今没有例外。"这一番劝施德政的话，石勒听后心悦诚服，原先准备要杀的人也不杀了。当时的百姓因为有佛图澄用佛法化导暴君而大受其益。从此，中原地区无论汉人还是胡人，对佛图澄都更加敬重。他所到之处，共建起佛寺八百九十三所。佛图澄弘扬佛法影响深远，佛图澄的神异故事被描绘在莫高窟初唐第 323 窟北壁东侧中部，以全景式连环画描绘了以下三个故事。

《高僧传》中有关佛图澄闻铃断事的神异事迹有几次记载。此幅故事画上层画一佛塔，佛塔下是石勒拜访佛图澄，所描绘的就是佛图澄以铃声预言刘曜被生擒之事。光初十一年（328 年），刘曜亲自率兵攻打洛阳。石勒欲亲自率兵抵抗刘曜，朝廷内外，文武大臣，无不劝谏石勒不要亲率出兵。石勒心意不定，因而前去拜访佛图澄，以决行动。佛图澄对石勒说："佛塔相轮上的铃声，告知说：'秀支替戾冈，仆谷劬秃当。'这是偈语，意为：军队出征，刘曜必擒。"于是石勒亲自率兵，直指洛阳。刘曜军马大败而逃。刘曜被擒，押送至石勒帐前。彼时，佛图澄用麻油胭脂掺和，涂在掌心，看到手掌中有许多人，其中一人被朱红丝线束在脖子上。佛图澄告诉众人刘曜已擒。

中部的两组画描绘的是《幽州灭火》。《高僧传》中记述：佛图澄曾与石虎共同坐在襄国（今河北邢台）中堂之上，谈论经法。忽然佛图澄吃惊地说："变！变！幽州发生了火灾。"随即取酒向幽州方向喷洒。过了一阵，佛图澄笑着对石虎说："现在幽州的火灾已经救灭。"石虎不大相信，就派遣使者前往幽州验证。使者回来对石虎说："那一日火从四大城门烧起，火势猛烈。忽然从南方飘来一层黑云，天降大雨，将火扑灭。雨中还能闻到酒气。"

敦煌壁画佛图澄异地喷酒灭火

画下层左侧，描绘的是佛图澄在河边以水洗肠的情景。佛图澄袒露上身，盘腿坐在竹林河畔，正两手拉出肠子，放入河水里清洗。《高僧传》记述：佛图澄左乳房的旁边起先有一个小洞，直通腹内。逢到斋戒之日，佛图澄来到河边，把肠子从洞口掏出来，用流动的河水洗净，然后再装进腹中，以示高洁。

而今来看佛图澄的神通与道术，多是幻术表演而已。无论是预言术、隐语术，还是抽肠术都是传统幻术中早已出现过的技艺。钵内生莲至今流传，清代《鹅幻汇编》对此有明确记载，名为茶内生莲。

再看佛图澄最有名的奇术"敕龙取水"也有幻术痕迹。据《晋书·佛图澄传》记载，佛图澄在襄国时，时值襄国城堑干涸，石勒问佛图澄解除缺水的良方。佛图澄说："今当敕龙。"石勒以为佛图澄是在调侃自己很不高兴，佛图澄却认真地说："水泉之源，必有神龙居之，今往敕语，水必可得。"佛图澄带领弟子数人来到"久已干燥，坼如车辙"的泉源旁，自己坐于绳床之上，"烧安息香，咒愿数百言"，如此三日"水泫然微流"。此时，一条小龙"长五六寸许，随水出来"。不久，"水大至，隍堑皆满"。分析他的"敕龙取水"这个神迹也是幻术可以做到的。根据他的学问经验，他可事先在已发现水源未竭之处做出安排，却以烧香咒愿三日之久才有水泫然微流，并有长五六寸的一条小龙随水而出，来验证他敕龙神通。众人"竟难视之"，也许佛图澄怕众人靠得太近，久观之后，露出破绽，即行阻止，便推言："龙有毒"，令众人勿靠近细观。从这些细节可发现他幻术处理的蛛丝马迹。

鸠摩罗什吞针有术

鸠摩罗什，是后秦高僧、国师、佛经翻译大家。佛教传入中国之初，汉译佛典中许多名称率由佛道通用。特别是有奇技异能的和尚、高僧往往也被称为道人、道士。道人、道士兼指佛道两家得道之人。为此,《晋书》以道士称鸠摩罗什。鸠摩罗什,原籍天竺,生于西域龟兹国。幼年出家,初学小乘,后遍习大乘,尤善般若,并精通汉语文,曾游学天竺诸国,遍访名师大德,深究妙义。他年少精进,又博闻强记,于是备受瞩目和赞叹。在东晋后秦弘始三年(401年),姚兴派人迎至长安(今陕西西安西北)从事译经,成为我国一大译经家。鸠摩罗什率弟子僧肇等八百余人,译出《摩诃般若》《妙法莲华》《维摩诘》《阿弥陀》《金刚》等经论,共七十四部,三百八十四卷。由于译文简洁晓畅,妙义自然诠显无碍,所以深受众人的喜爱,而广为流传,其对于佛教的发展,有很大贡献。姚兴觉得鸠摩罗什如果不能留下后代,是极大遗憾。为能让其留下"法种",姚兴强逼鸠摩罗什接受伎女十名生育后代,鸠摩罗什虽然是不得已而为之,但是这对于高僧来说是破戒的行为,有人对于鸠摩罗什生起轻慢心,也妄想仿效。鸠摩罗什便集合大众,来到盛满铁针的钵前,他

鸠摩罗什

面色凝然地说:"如果各位能学我将这一钵的针吞下,就可公学我的行为。否则,希望大家各自安心办道,谨守戒律,切莫再滋生妄想!"说完这话,旋即把那满钵的铁针吞下,宛如吃饭般轻松。大众看见这奇特的法术,都目瞪口呆,感到非常惭愧。鸠摩罗什吞针术,至今还留存在幻术舞台上。

四、庙会幻术的新兴

佛教至东晋逐渐盛行,在社会上足堪抗衡道教。南北朝时,佛教经过统治者的大力提倡盛行起来,僧尼众多,庙宇林立。据北魏杨衒之《洛阳伽蓝记》记载,518年,单洛阳庙宇就达五百所以上。佛教为了引动人们信佛常常举行庙会活动。庙会除了讲经说法外,僧侣们还会想出种种花招,招揽善男信女。庙会往往要开展一些带有宗教色彩的游艺活动,集合具有各种奇术异能的人表演奇术是经常采用的办法。名义上是供养诸佛菩萨,实际上带有浓厚的娱乐性质,新兴的庙会为幻术百戏提供了大显身手的场所,幻术百戏则为庙会招徕群众,增加其神秘感和热闹气氛。如景乐寺庙会:

> 召诸音乐,逞伎寺内。奇禽怪兽,舞抃殿庭。飞空幻惑,世所未睹。异端奇术,总萃其中。剥驴投井,植枣种瓜,须臾之间,皆得食之。士女观者,目乱精迷。

从庙会展现的游艺项目来看,有珍禽怪兽的展览,有鳌山灯戏的烘托,而最令人瞩目的项目则是幻术。"人体腾空""杀马屠驴""种瓜得瓜""植枣立得"等异端奇术，士女观者无不目乱精迷、眼花缭乱。这些节目都是至今尚有迹可循的幻术节目。

1500年以来，庙会逐渐与中国民间"社日"祭祀活动相结合，形成一种声势浩大的民俗活动，流传遍及全中国。庙会不但成为变相的群众娱乐场所，也是艺人赖以为生的去处。唐宋时期，长安的慈恩寺、开封的报国寺、洛阳的白马寺，每天都是游人如潮，艺人们一个棚子接着一个圈子，卖艺寺边，这样的环境锤炼了幻术艺人，也涌现了一大批令人百看不厌的幻术杂技节目。

与"庙会"紧密相连的还有"行象"活动。每年四月初八（农历）浴佛节时，佛教徒们便抬着佛像上街游行，其中也常有幻术杂技表演。《洛阳伽蓝记》在描写长寿寺的浴佛节活动时说，盛大的游行队伍中，抬着三层宝塔和黄金披饰的宝龛，白象驮着一尊尊庄严的佛像，称为"行象"。这本身就与杂技彩扎乔装艺术有着密切关系。更有许多幻术杂技节目穿插其中，如辟邪狮子在前面开路，马上技艺、吞刀、吐火、顶竿、走大索紧随其后。当这支奇技异服的队伍穿过都市的街道，停下来表演时，观者如潮，热闹非凡，甚至发生过挤死人的事故。

庙会和走会都是在人群环绕的环境中展开表演的，甚至是一边走一边表演的，所以这类节目道具简单，动作四面能看，更富于群众性。久而久之，它的宗教色彩已消失殆尽，成了中国民间艺术表演的一种传统形式。

五、西域流浪艺人的幻术

316 年，西晋灭亡，中国开始了长达 260 年的南北对峙局面。这一时期，战乱不止，边疆少数民族及西域各民族大量涌入中原。这些民族的移居，给中原带来了新颖的乐舞百戏，这时期的幻术也更加多姿多彩。在北方，除佛僧带来的西域幻术外，其他外国艺人也陆续东来。如 425 年表演吞刀吐火的艺人曾到战火延绵的西凉（今甘肃张掖一带）活动。《北史》还记载，北魏真君九年（448 年）从西域悦般国来的艺人，能演"割喉出血""击头骨陷"，然后复原。对中国"大腥"（见血）之类的幻术，无疑产生了重要影响。

东晋干宝在《搜神记》里对一位来自天竺的民间幻术家的表演，做了生动的叙述：

晋永嘉中，有天竺胡人，来渡江南。其人有数术：能断舌复续，吐火。所在人士聚观。将断时，先以舌吐示宾客，然后刀截，血流覆地，乃取置器中，传以示人。视之舌头，半舌犹在，既而还取含续之。坐有顷，坐人见舌则如故，不知其实断否。其续断，取绢布，与人合执一头，对翦中断之；已而取两断合视，绢布还连续，无异故体。时人多疑以为幻，阴乃试之，真断绢也。其吐火，先有药在器中，取火一片，与黍合之，再三吹呼，已而张口，火满口中，因就爇取以炊，则

火也。又取书纸及绳缕之属，投火中，众共视之，见

其烧爇了尽；乃拨灰中，举而出之，故向物也。

干宝，新蔡人，字令升，晋元帝时受命修史书《晋纪》，又称"良史"。但他本人却爱好阴阳数术之学，撰集古今神祇灵异人物诡变，汇编为《搜神记》。自序中说，他著书的目的是"发明神道之不诬"，换句话说，就是证明神道不假。可是极具讽刺意义的是，他把流浪艺人的幻术也视为神道不诬的确证，撰入《搜神记》中。而今我们看来，却是一则难得的、记载幻术表演的珍贵资料。

《搜神记》中的那位天竺艺人是永嘉年间来到江南的。永嘉是晋怀帝司马炽的年号（307—313年）。他表演了四个节目，组织得很巧妙。表演中并没有画符念咒的法术表现形式，而是按照一般幻术表演模式进行的。采取环环相扣、步步深入的递进结构，幻术表演往往设置疑惑于前，而解除疑团于后，反复地交代证明，终能使人信服。他的演出程序正是如此。先演断舌复续使人惊讶，继以剪绢还原佐证，深化断舌奇迹，吐火又与下面的火烧不毁有关。既然火不灸口，口中可以吐火，那么神奇的火，也可能使纸、绳烧而不毁。变化前先有虚实有无的交代，就地请观众做助手，以示接受观众的监督，为了强化演出效果，变化之后又做进一步的实证交代。四个节目前后相互关照、印证，取得了很好的艺术效果。逼真的演技和表情，使精心安排的表演程序自然流畅而无雕琢痕迹，看来这位印度幻术家的演技是相当高明的。

或许，这位天竺人表演的有些节目后已传到中原，现存于南阳幻

画馆的"幻人吐火"画像石上有这样的图像：一人头戴尖项冠（尖端前倾），长胡子，高鼻梁，服装与汉服不同，显然是胡人在表演幻术。面部前面有一道火光，正在吐火，他手中拿着长绳，可能下面将要表演火烧不毁或断绢复原。河南新野画像砖上的胡人双手执绳的姿态与后世表演断绳复原非常相似，表明这类节目早已在中国开花结果。

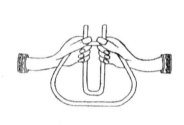 

《鹅幻汇编·张公接带》执绳式　　胡人吐火、断绳复原执绳式

六、《拾遗记》中的幻术

　　《拾遗记》又称《拾遗录》《王子年拾遗记》。十六国时期前秦人王嘉撰，梁萧绮录。王嘉，字子年，陇西安阳（今甘肃渭源）人。史载他有方术，隐居，不与世人交。符坚屡次征召不起，终被后秦姚苌杀害。王嘉既然有方术就是个懂得幻术就里的人，《拾遗记》记录幻术，虽然讲述的是先秦时期的故事，实际上大多数是魏晋六朝仍然

存在的节目，有的节目是首见记载，也许就是这个时期才出现的。

扶娄婆猴伎

据《王子年拾遗记》载：

> 南垂之南，有扶娄之国。其人善能机巧变化，易形改服。大则兴云起雾，小则入于纤毫之里。缀金玉羽毛为衣裳。吐云喷火，鼓腹则如雷霆之声。或化为犀象狮子龙蛇犬马之状，或变为虎兕。或口吐人于掌中，备百戏之乐，宛转屈曲于指间。见人形，或长数分，或复数寸，神怪倏忽，炫丽于时。乐府皆传此伎，至末代犹学焉，得粗亡精，代代不绝，故俗谓之婆猴伎，则扶娄之音讹替至今。

说的是3000多年前，周成王时代，南疆有个扶娄国，那里的人都善于变幻之术，易容貌改服饰。他们大则大到能够兴起云雾，小则小到钻入纤毫之中。他们的衣服点缀着金玉羽毛。他们能吐云喷火，鼓起肚子就会传出轰轰雷声，或者变幻为犀牛、大象、狮子、龙、蛇、犬、马、老虎的形状，或从口中吐小人于掌中，让他们盘旋舞蹈于手指之间。他们的身体有时长数分，有时变为数寸，神奇的变化炫丽于当时。乐府纷纷传授此种技艺，直到周代末期还有学习者。可惜的是只学得粗浅的技艺而精深的技艺却失传了。这种技艺称为"婆猴伎"。

古籍解释"婆猴"乃是"扶娄"二字的讹音。但我们认为"婆猴伎"是幻术中的特别门类，即是"指傀儡"，南方称"掌中戏"。傀儡在古代属幻术范畴，在今天的掌中戏中仍然可以看到。而且这类表演在南方，直至近代民间尚称为"婆猴伎"。

尸罗的炫惑之术

出自《拾遗记》的还有尸罗的幻术：

燕昭王七年，沐骨之国来朝，则申毒国之一名也。有道术人名尸罗。问其年，云："百三十岁。"荷锡持瓶，云："发其国五年，乃至燕都。"喜炫惑之术。于其指端，出浮图十层，高三尺，乃诸天神仙，巧丽物绝。列幢盖鼓舞，绕塔而行，人皆长五六分，歌唱之音，如真人矣。尸罗喷水为氛雾，暗数里间。俄而复吹为疾风，氛雾皆止。又吹指上浮图，渐入云里。又于左耳出青龙，右耳出白虎。始入之时，才一二寸，稍至八九尺。俄而风至云起，即以一手挥之，即龙虎皆入耳中。又张口向日，则见人乘羽盖，驾螭、鹄，直入于口内。复以手抑胸上，而闻衣袖之中，轰轰雷声。更张口，则向见羽盖、螭、鹄，相随从口中而出。尸罗常坐日中，渐渐觉其形小，或化为老叟，或变为婴儿，倏忽而死，香气盈室，时有清风来，吹之更生，如向之形。咒术炫惑，神怪无穷。

　　说的是燕昭王即位七年，沐骨之国派使者来朝。沐骨之国在天竺一带。有一位懂得道术的人名叫尸罗。问他的年龄，回答说是130岁。他带着锡杖和花瓶，从天竺出发经过五年旅途跋涉，才来到燕国的都城。尸罗擅长幻术，在他手指尖上能够现出十层佛塔，高三尺。天上神仙各露仙姿，打着旗子绕塔鼓舞而行。他们都只有五六分高矮，唱歌的声音却如同真人一样；尸罗喷出水来化作雾气，使数里之内都昏暗不明。顷刻，尸罗又吹出疾风，雾气全都消散了。接着，他又吹指上佛塔，佛塔便渐渐钻进云彩里。随即，他的左耳钻出一条青龙，右耳钻出一只白虎。刚出来的时候，才一二寸，一会儿就变为八九尺。一会儿风至云起，尸罗只用一手挥了挥，那青龙和白虎全又钻进耳朵里；尸罗张口向着太阳，则见有人乘着羽盖，驾着龙和鹤径直钻入尸罗的口中。尸罗把手按在胸上，可以听到他衣袖中传出轰轰雷声。尸罗再张口，则可以看见龙和鹤相随从他口中飞出来。尸罗常常坐在太阳底下，只见他在渐渐变小，一会儿变成老头，一会儿变成婴儿，最后忽然死去了。这时，香气满室，不断有徐徐清风吹来。吹着吹着，尸罗便苏醒过来，得到了再生，模样跟先前一样。

　　这些变幻之术，用今天的眼光来看，除去夸张成分，他表演的空手出塔、立兴云雾、佛塔升空、龙虎幻象、口技雷鸣、易貌变形等节目，似乎也是指傀儡。口中吐纳龙和鹤更像烟戏表演。后世的烟戏中也有类似记载。

　　据清徐珂《清稗类钞》"山右客善烟戏"载：

　　　　烟戏，以吸旱烟之烟为之也。……时有山右客某擅烟戏之术，本售技于燕、赵间，特挺身自荐，命其仆以烟筒进。其筒长径尺，而口特宏大，能容四两有余，薤火吸之，且吸且嘘，若不见其烟之出入者。少顷，索苦茗一盏，饮讫，即张口出烟一团，倏化为二鹤，盘旋空际，约数十往返。俄闻喉间有声，惟水云一庭而已。细视云鳞中，皆寸许小鹤，渐舞渐大，渐离渐合，又渐聚为二鹤。未几，客手一招，鹤入其口而灭。众复请之，客张辗相受，以赝为真，而学者试之无灵，未免灰心弃置矣。

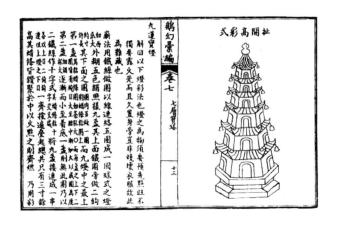

《鹅幻汇编》记载的七层宝塔制作秘方

《拾遗记》的两则故事中涉及的吞云吐雾、喷水喷火、易貌改服、玲珑宝塔、仙佛禽兽变化、轰轰雷声等奇异变化，很可能是逃遁术、藏掖术、口技、指傀儡、烟戏相结合的幻术表演。这些技艺代代不绝。至今在傀儡戏、幻术、杂技中尚能感受到其余韵。

"凤凰含书"与"文康胡舞"

南北朝时期，北方多演"吞刀""吐火""杀马""剥驴""刺舌""割喉"等刺激感官的幻术。这些节目虽带豪气，但往往惨不忍睹。与北方迥然不同，南方由东晋到宋、齐、梁、陈的南朝，继承了两汉本土幻术的传统，所表演的节目多柔媚而奇丽，幽雅婉转。晋皇帝南逃时，带往南方许多百戏节目。这些节目除"夏育扛鼎"为力技外，其余都与幻术相关。"巨象行乳"大概与而今尚演的"狮子舞"中一头狮子腹中突然变出一个小狮子——"狮子生儿"的形式相似。"神龟抃舞""背负灵岳"当为"鱼龙""漫衍"一类彩扎戏。"桂树白雪""画地成川"的幻术已见于张衡《西京赋》的描写。在北方动乱之时，江南却保存了汉民族自己的幻术特色。这些节目的规模虽不及汉代雄伟，但更为精细机巧。其代表作可推"凤凰含书"与"文康胡舞"。

凤凰含书

凤凰含书是南朝刘宋朝廷用于朝典的新作品。在公元 420—479 年间，每年元旦，天子升殿，接受百官朝贺，歌舞升平。这时，天空冉冉降下一只彩凤，彩凤的口中含有一卷文书，舞跃于殿堂丹墀。侍中官连忙取下它嘴上叼着的文卷交给舍人，舍人登殿跪着宣读。其辞是"政通人和，天子万年"之类，以示吉庆。然后歌声叠起，乐舞酣畅，尽欢而散。《南齐书》记有刘宋朝廷表演这套幻术时所配的歌词，其中有"大宋兴隆膺灵符，凤鸟感和衔素书"等句。《南齐书》

说"凤凰含书""盖鱼龙之流也"，点明"凤凰"不但与"鱼龙"一样是彩扎的灵物附体的傀儡，同时也是变化奇丽的幻术。

凤从天降的幻术表演，西晋李尤在《平乐观赋》里就提到过，他描述百戏表演时，写下了"有仙驾雀，其形蚴虬"的句子。《邺中记》亦载有后赵君主石虎"正会殿前作乐，高絙、龙鱼、凤凰、安息五案之属，莫不毕备"。乔装凤凰的表演形式还屡见于汉代石刻。如出土于山东的《沂南百戏图》中即有戏凤形象：一位身披羽衣、神仙打扮的伎人，手执花树戏弄大雀。雀羽尾修长，华丽非凡，却露出一双人的大脚。这说明大雀是人乔装的，充满幻术趣味。

文康胡舞

南朝梁开帝萧衍在位时期出现的"文康胡舞"，又称"上云乐"，是一个融幻术、杂技、歌舞于一堂的新节目。周舍的《老胡文康辞》详细地描述了"上云乐"的表演情况：

> 西方老胡，厥名文康。遨游六合，傲诞三皇。西观蒙氾，东戏扶桑。南泛大蒙之海，北至无通之乡。昔与若士为友，共弄彭祖扶床。往年暂到昆仑，复值瑶池举觞。周帝迎以上席，王母赠以玉浆。故乃寿如南山，志若金刚。青眼贸贸，白发长长。蛾眉临髭，高鼻垂口。非直能俳，又善饮酒。箫管鸣前，门徒从后。济济翼翼，各有分部。凤皇是老胡家鸡，狮子是老胡家狗。阶下拨乱反正，再朗三光。泽与雨施，化与风翔。

觇云候吕，志游大梁。重驷修路，始届帝乡。伏拜金
阙，仰瞻玉堂。从者小子，罗列成行。悉知廉节，皆
识义方。歌管愔愔，铿鼓锵锵。响振钧天，声若鹔皇。
前却中规矩，进退得宫商。举技无不佳，胡舞最所长。
老胡寄箧中，复有奇乐章。齐持数万里，愿以奉圣皇。
乃欲次第说，老耄多所忘。但愿明陛下，寿千万岁。
欢乐未渠央。

通过周舍这首《老胡文康辞》和后人的注解，我们可大致了解5
世纪初梁武帝一手创制的《上云乐》幻术歌舞的基本内容，是一个生
于上古时代的神仙，因倾慕梁朝国威昌盛而前来朝拜，并率领其门徒
和珍禽奇兽为梁朝天子祝寿。文康胡舞又名"登莲上云乐"，这种幻
术在北魏百戏杂技石刻"李会进乐延庆碑"上留有生动形象：在"顶

李会进乐延庆碑

右上方有花芯幻影的幻术

竿""跳丸"上方有一朵大花开放，花中一伎人作沉睡初醒状，可能
是花中变出来的幻人。另外，在河南安阳出土的南北朝时期的黄釉瓷
壶上塑有五位西域胡装伎人，中间一人起舞于莲花之上。这些都证明，
"登莲上云乐"有不同版本，它是南朝梁代艺人加工和创造出来的新
型幻术节目。

河南安阳出土的黄釉瓷壶之登莲上云乐　　隋代虞弘墓藏之登莲上云乐

这种集幻术歌舞为一体的节目，深受文人雅士的关注，唐代诗仙
李白的乐府诗《上云乐》对其演艺有新的描绘：

老胡感至德，东来进仙倡。五色师子，九苞凤凰。
是老胡鸡犬，鸣舞飞帝乡。淋漓飒沓，进退成行。能
胡歌，献汉酒。跪双膝，并两肘。散花指天举素手。

清著名词人纳兰性德则对其变幻更为关注，在《渌水亭杂识》中载"梁时上云之乐，作一老翁，演述西域神仙变化之事"。这种表示天上人间、万国来朝的节目，是为统治者宣扬威德之作，备受帝王重视，以致到隋代宫廷乐舞中，仍将此节目作为压轴戏，称之为"礼毕乐"。明代宪宗行乐图中描绘了老胡牵狮率队来朝贺的景象，尚有"上云乐"的余晖。

明代宪宗行乐图局部——西域献宝

七、幻景戏

幻景戏属于大型彩扎幻术。业内亦称机关布景。自汉以来一直是百戏中的重头戏之一。它可以表现瞬息变化的神仙境界和奇异景观。南朝时出现"天台山伎"，表现出幻景戏取得了新的成就。

天台山伎又称为"莓苔戏"。据萧子显《南齐书·乐志》载：

> 永明六年，赤城山云雾开朗，见石桥瀑布，从来
> 所罕睹也。山道士朱僧标以闻，上遣主书董仲民案视，
> 以为神瑞。太乐令郑义泰按孙兴公赋造天台山伎，作
> 莓苔石桥，道士扪翠屏之状，寻又省焉。

永明是南齐武帝萧赜的年号，时值 488 年。一向云封雾锁不见其真面目的赤城山，这一年忽然云开雾散，露出了山中奇异的景色，其中有莓苔石桥、瀑布。道士朱僧标上奏齐武帝，认为是异乎寻常的祥瑞。齐武帝命主书董仲民前去视察，掌管百戏的太乐令郑义泰，以孙兴公《赋》描写的景色为依据，创作了天台山伎。但据《宋书》说，因它不是雅乐，此技完成后不久便被罢省。

天台山伎究竟是怎样的一种伎艺呢？从幻术的角度来看，应是一场立体的机关布景式的大型幻术。戏里出现了葱郁的莓苔石桥，而且表现出神奇的云开雾散和瀑布倾泻的动态景象，也许还有其他神话情节。有近代戏剧研究者认为，机关布景不可能诞生在南北朝时期，认为那时的文化、技术水平达不到这一点。如果认为机关布景只能是伴随戏剧而出现的，那么这时是不可能有机关布景的。但是从幻术的进程来看，早在汉代就有"华岳峨峨，岗峦参差……度曲未终，云起雪飞""神山崔巍，欻从背见……画地成川，流渭通泾"等机关布景式的大型幻术出现，如果说那时的机关布景还是简陋的、初步的，那么

在晋初出现的"神岳双立，岗岩嵾嵳，灵草蔽崖，嘉木成林"和东晋出现的"桂树白雪，画地成川"，会不会更进一步呢？在此前提下，于南北朝科技发展的基础上，制作一台这样的机关幻景戏，是不成问题的。因为采用了幻术的特殊技法，才被称为"伎"。

隋唐幻术多姿多彩

第五章

581 年，杨坚建立隋朝政权，结束了南北朝四百年纷争的混乱局面。中华大地由纷扰走向统一安宁的大局业已形成，南北朝时期的各种不同风格的幻术节目，得到了集中整理与提高。唐朝经济的繁荣富足、政治的相对开明、文化的昌盛，使唐成为这一时期世界上最强盛的封建帝国。唐帝国对外推行平等友好的开放政策，远国绝域的使节、学者、商人、僧侣、艺人、留学生，或经陆路长途跋涉，或扬帆泛海，摩肩接踵来到中国，广泛开展中外经济文化教育交流。在这样的历史背景下，幻术这门原本就是文化交流前沿的艺术，得到了长足的发展。

一、隋宫幻术旷古莫俦

隋炀帝杨广好大喜功。特别是在外国的宾客面前，连年举行规模盛大的百戏演出，千变万化，旷古莫俦，使外宾大为惊奇，视中国为神仙之国。

《隋书·音乐志》记载：

> 及大业二年，突厥染干来朝，炀帝欲夸之，总追四方散乐，大集东都。初于芳华苑积翠池侧，帝帷宫女观之。有舍利先来，戏于场内，须臾跳跃，激水满衢，鼋鼍龟鳖，水人虫鱼，遍覆于地。又有大鲸鱼，喷雾翳日，倏忽化成黄龙，长七八丈，耸踊而出，名曰《黄龙变》。又以绳系两柱，相去十丈，遣二倡女，对舞绳上，相逢切肩而过，歌舞不辍。又为夏育扛鼎，取车轮石臼大瓮器等，各于掌上而跳弄之。并二人戴竿，其上有舞，忽然腾透而换易之。又有神鳌负山，幻人吐火，千变万化，旷古莫俦。染干大骇之。自是皆于太常教习。每岁正月，万国来朝，留至十五日，于端门外，建国门内，绵亘八里，列为戏场。百官起棚夹路，从昏达旦，以纵观之。至晦而罢。伎人皆衣锦绣缯彩。其歌舞者，多为妇人服，鸣环佩，饰以花眊者，殆三万人。

大业二年（606 年）突厥启民可汗来朝，炀帝下令"总追四方散乐，大集东都"，举办盛大演出。诗人薛道衡有一首《和许给事善心戏场转韵诗》，相当生动地描述了长安洛阳正月十五元宵闹花灯的场景：

　　京洛重新年，复属月轮圆……万方皆集会，百戏
尽来前。临衢车不绝，夹道阁相连……佳丽俨成行，
相携入戏场……竟夕鱼负灯，彻夜龙衔烛……假面饰
金银，盛服摇珠玉……抑扬百兽舞，盘跚五禽戏……
忽觌罗浮起。俄看郁昌至。峯岭既崔嵬。林丛亦青翠。
麋鹿下腾倚。猴猿或蹲跂。金徒列旧刻。玉律动新灰。

诗中描绘的这种百花齐放的狂欢场面，山川突变，林木青翠，千变万
化，旷古莫俦，足以使观众犹如坠入云雾之中，进入神仙境界。突厥
启民可汗等大为惊骇，钦佩得五体投地。炀帝更是十分得意，于是下
令各种杂技到太常寺排练教习，由官司供给。每年正月，万国来朝，
炀帝即将各国使者留至十五日，于端门外建国门内，"绵亘八里，列
为戏场，百官起棚夹路，从昏达旦，以纵观之，至晦而罢"。他曾多
次"大会蛮夷，设鱼龙漫衍之乐"，使黄龙变、神鳌负山、幻人吐火，
以及幻景幻术，都得到进一步的发展。

二、唐代宫廷幻术的兴盛

　　唐代宫廷幻术十分昌盛。初唐宫廷的文艺节目分为两大部分，即
以地区特色为主的"十部乐"和"散乐百戏"。唐太宗李世民是在隋
代九部乐的基础上制定的"十部乐"。"十部乐"不单指音乐和舞蹈，
而是对该地区表演艺术的概称，幻术杂技亦包括其中。如"缸中遁人"
称为"新罗乐·入壶舞"、"人马变化"称为"入马腹舞"、"人体

浮悬"称为"卧剑上舞",等等。

唐代文艺演出的另一系统是"散乐百戏"。唐代散乐在体制上沿隋朝旧制,在内容上继承历代传统。《旧唐书·音乐志》载:

《散乐》者,历代有之,非部伍之声,俳优歌舞杂奏。汉天子临轩设乐,舍利兽从西方来,戏于殿前,激水成比目鱼,跳跃嗽水,作雾翳日,化成黄龙,修八丈,出水游戏,辉耀日光。绳系两柱,相去数丈,二倡女对舞绳上,切肩而不倾。如是杂变,总名百戏。江左犹有高絙紫鹿、跂行鳖食、齐王卷衣、笮鼠、夏育扛鼎、巨象行乳、神龟抃戏、背负灵岳、桂树白雪、画地成川之伎。……后魏、北齐,亦有鱼龙辟邪、鹿马仙车、吞刀吐火、剥牛剥驴、种瓜拔井之戏。周宣帝征齐乐并会关中。开皇初,散遣之。大业二年,突厥单于来朝洛阳宫,炀帝为之大合乐,尽通汉、晋、周、齐之术,胡人大骇。帝命乐署肄习,常以岁首纵观端门内。……梁有长蹻伎、掷倒伎、跳剑伎、吞剑伎,今并存。……又有弄碗珠伎、丹珠伎。

散乐百戏中既有巨象行乳、神龟抃戏、背负灵岳、桂树白雪、画地成川、鱼龙辟邪、鹿马仙车、吞刀吐火、剥牛剥驴、种瓜拔井、吞剑伎等唐代尚存的传统幻术;又有弄碗珠伎、丹珠伎等新节目。宫廷幻术兴盛丰富。在盛唐开元年间,这些节目经常与乐舞节目一起参加皇室举行的"大酺"。唐人小说《东城父老传》中说："赐天下牛酒，乐三日，命之曰酺，以为常也，大合乐于宫中……万乐具举，六宫毕从。"规模之大的确惊人。

三、鱼龙之戏的演进

隋唐时期千变万化的幻术中，最引人注目的还是传统的鱼龙之戏。"乐书""通典"都着重记述了它的来历和新增的内容。每遇重大活动，"鱼龙"是必备的节目。从汉代到魏晋南北朝的数百年间常有演出，至隋唐达到极其昌盛的阶段。隋乐书称它为《黄龙变》。

《隋书·音乐志》详细地记述了表演这一节目的情景：

> 初于芳华苑积翠池侧，帝帷宫女观之。有舍利先来，戏于场内。须臾跳跃，激水满衢，黿鼍龟鳖，水人虫鱼，遍复于地。又有大鲸鱼，喷雾翳日，倏忽化成黄龙，长七八丈，耸踊而出，名曰《黄龙变》。

由"鱼龙"发展为"黄龙变"场面更热闹，既有汉代传承的舍（含）利变鱼，鱼再化龙的框架，又增添了黿、鼍、龟、鳖，水人、虫鱼等真的人物水族掺杂其间，真假虚实相间，亦真亦幻，更显神奇。

"鱼龙之戏"传至唐代，在"大酺"演出中占据重要地位。《旧唐书·音乐志》载：

汉天子临轩设乐，舍利兽从西方来，戏于殿前，激水成比目鱼，跳跃嗽水，作雾翳日，化成黄龙，修八丈，出水游戏，辉耀日光。

"鱼龙"这个节目，经过隋代的加工提高，更加精彩。几乎每次"大酺"演出中都会上演这个节目。据《乐府杂录》载，唐明皇"一日赐大酺于勤政楼，观者数千万众，喧哗聚语，莫得闻鱼龙百戏之音，上怒欲罢宴"。因观众较多，聚语喧哗，妨碍了唐玄宗李隆基看"鱼龙百戏"，使其大发脾气。可见"鱼龙"等节目多么受当权者的喜爱。

这个节目发展到宋代，仍然是水百戏的重要组成部分。《梦粱录》在记述水傀儡时提及"鱼龙变化夺真，功艺如神"。由此可见，汉代记载的"鱼龙"，隋代记载的"黄龙变"，宋代记载的"鱼龙变化"是水上幻术以及水傀儡系列中千年传承的经典之作。这个节目直至清末尚有迹可循。1889年唐芸洲出版的《鹅幻汇编——戏法图说》中称它为"鲤鱼化鳌"，记载了鲤鱼变成鳌鱼，鳌鱼再化为长龙的方法。由于演出条件变迁，"鱼龙之戏"由水中走上陆地，演变为药法幻术，此术先是幻术家变出一条鲤鱼，长约一尺五六寸，悬挂于夜空，药线引燃，火光中突然化为鳌鱼，摇摇摆摆，再燃烧，顿时变为长长黄龙，在空中盘旋……鱼龙变化的三个重要环节全部保留下来，鱼先化鳌，再化成龙，与古代鱼龙之戏一脉相承。

后来，鱼龙之戏这项幻术进而演化为形形色色的耍龙灯，广为流传。新近浙江临安文广新局的《化龙》尚可看到鲤鱼化为长龙的身影。更让人兴奋的是，近年河南开封清明上河园恢复了在水上表演鱼龙之戏的技艺。

黄龙变即鱼龙之戏，一直延续到清代鲤鱼化鳖、鳖化黄龙

四、绮丽的圣寿乐与云韶乐

圣寿乐与云韶乐都是盛唐时期教坊推出的大型幻术歌舞节目。教坊是盛唐时期宫廷专门设置的培训表演艺术人才的机构。仅长安教坊的专业艺人即达 12 000 多人，与之规模相等的还有东都洛阳的教坊。规模庞大的教坊为大型幻术歌舞的发展提供了优良的环境。

唐高宗武后时期，制作了阵容庞大的幻术乐舞《圣寿乐》。据《旧唐书·音乐志》记载，圣寿乐是"高宗武后所造也。舞者百四十人，金铜冠，五色画衣。舞之行列必成字，十六变而毕。有'圣超千古，道泰百王，皇帝万年，宝祚弥昌'字"。《乐府杂录》："字舞者，以舞人亚身于地布成字也。"圣寿乐是一代名后武则天的创作，她令140 名少女婆娑起舞，她们在优美的舞姿中变换队形，递次排成"圣超千古，道泰百王，皇帝万年，宝祚弥昌"十六个字。唐代诗人王建有过形象的描述："罗衫叶叶绣重重，金凤银鹅各一丛，每遇舞头分两向，太平万岁字当中。"作字如画，不但表达了对帝王的歌颂祝福，不断变化字形的幻术构想新颖别致，成为这一时代重要节目之一。

"圣寿乐"到了玄宗时期，有了进一步发展。字舞除了"作字如画"外，还增加了"回身换衣"，象征天宇云霓变幻，因此又称"云韶乐"。其特点是舞至高潮时，全体舞伎服装色彩突然变化，幻术成了这个节目画龙点睛的神来之笔。朝野大为赞赏。文人墨客为它吟诗作赋。

邵轸《云韶乐赋》描述了幻术乐舞的精彩：

越二十四祀，建寅望之夕，启千门以达阳气，御重城而临百辟。张彩灯之煌煌，敞新楼之奕奕……乃翼日出《云韶》而舞之，徒观其降辇路，临广场；曳罗裙之袅袅，鸣玉佩之锵锵。始逶迤而并进，终宛转而成行。于是合以弦匏，从之磬管；昭敬意于廉直，本喜心之单缓。克和四气，应春候而角调；取象八风，如舞行之缀短。霓裳彩斗，云髻花垂；清歌互举，玉步徐移。俯仰有节，周旋中规；将导志以变转，几成文于合离。尔其美目流盼，轻姿耸峙；或少进而赴商，俄善来而应征。鱼贯初度，惊鸿乍起；容裔自得，蹁跹未已。裘衣屡更，新态不穷；忽举袖而萦紫，复回身而拖红。及夫繁音九变，曲度将终；神人以和，天地攸同。道五常之行，移四海之风。然后乐师告罢，退之帷宫。时也皇欢，浃睿泽深；一人有庆，万国欢心。

此赋描绘了在轻歌曼舞之间，不知不觉舞者身上的衣裳不断变化，忽然一举袖衣服变为紫色，一回身衣服又变成红色。新态不穷，宛如日出彩霞气象万千。

中侍御史平洌的《开元字舞赋》更细致地描绘了云韶乐的奇巧美妙：

　　雷转风旋，应鼍鼓以赴节；鸾回鹤举，循鸟迹以成文。周瑜之顾不作，苍颉之字爰分，竦万方之壮观，邈千古之未闻。其渐也，左之右之，以引以翼，整神容而裔裔，被威仪而抑抑。烟霏桃李，对玉颜而共春；日照晴霓，间罗衣而一色。雾縠从风，宛若惊鸿，匿迹于往来之际，更衣于倏忽之中。始纤朱而曳紫，旋布绿而攒红，傅仲之词，徒欲歌其俯仰；离娄之目，曾未识其变通。懿夫乍续乍绝，将起复发，启皓齿以吟风，腾星眸而吐月。摇动赴度，或乱止以成行；指顾应声，乃徐行而顺节……

舞者出场，就像"八佾之羽仪繁会"，"七盘之绮哀缤纷"，雷声阵阵，旋转如风，与鼍鼓的节奏相和。随之，像鸾鸟一样迂回，像仙鹤般玉立，在模仿鸟的行动中，变化排列文字，丝毫不差，十分壮观。紧接着，舞蹈的队形逐渐向左右分开，如鸟儿张开了双翼。舞者神采奕奕，威仪抑抑，如盛开的桃李，满面春风，在日照晴霓、雾縠从风的环境中宛若惊鸿，在行云流水般的舞姿掩护下，一色的衣服突然由深朱变为紫色，一会儿又由绿色变为浅红。隐含天宇彩霞之意，神奇变化，美不胜收。

从幻术的角度来看，云韶乐是一个变化层次十分丰富、设计十分巧妙、技艺高超的集体更衣术。说它变化层次丰富是指队形在不断变化，字形在不断变化，服装在不断变化，色彩在不断变化，总共要变十六次之多；说它设计十分巧妙，首先是在服装设计和制作上下了大功夫。服装设计的奇巧是成功的关键。一个回身动作，一次旋转之间，就换了一套衣服。能达到这样的效果，是与其服装设计分不开的。唐朝崔令钦撰写的《教坊记》记载：

> 《圣寿乐》舞，衣襟皆各绣一大窠，皆随其衣本色。制纯缦衫，下缠及带，若短汗衫者以笼之，所以藏绣窠也。舞人初出，乐次，皆是缦衣舞。至第二迭，相聚场中，即于众中、从领上抽去笼衫，各内怀中。观者忽见众女咸文绣炳焕，莫不惊异！

说的是舞者每件衣服的衣襟上各绣一朵团花，颜色与舞衣相同。外面笼罩一件便于隐藏的短缦衫。其次是在编舞上下了大功夫，舞者出场，都着缦衣而舞。等到舞到第二叠，舞者在聚散之间，在优雅的舞姿掩护下迅速从领上抽去笼罩的缦衫，各自藏入绣褰之中。如果以现代"更衣术"的技术来衡量，把这么多套衣服不露痕迹地藏于身上，并且要求变换衣裳时展开和收拢自如，在未发明"按钮"且无"尼龙搭扣"的唐代，其难度可想而知，设计必然巧妙。与服装设计同样重要的是舞姿的设计。其充分利用了唐代舞姿的婀娜多姿，舞伎宛若惊鸿，匿迹于往来之际，更衣于倏忽之中。聚散之间，相互掩护给变换服装提供了机会。说它技艺高超是因为这是一个集音乐、舞蹈、幻术为一体的节目。表演者既要有高超的舞蹈基础，又要有高深的幻术修养，舞者的一颦一笑、一举一动，或缓或急，都必须严格合乎节奏，进退有序。一百多人要像一个人一样形成一个整体，造型精致准确，变化整齐划一，表演自然流畅，否则就无法取得完美的幻术效果。它的严格训练从《教坊记》中可见一斑：

> 开元十一年初，制圣寿乐。令诸女衣五方色衣，以歌舞之。宜春院女教一日，便堪上场，惟擪弹家弥月不成。至戏日，上亲加策励曰："好好作！莫辱没三郎。"令宜春院人为首尾，擪弹家在行间，令学其举手也。宜春院亦有工拙，必择尤者为首尾。首既引队，众所瞩目，故须能者。乐将阕，稍稍失队，余二十许人。舞曲终，谓之"合杀"，尤要快健，所以更须能者也。

说明领舞者是由教坊中宜春院的专业舞伎担任，短期训练就可以上场表演。但是像擪弹家即音乐教坊的艺人来参与，排练一个月也不一定能演好。因此，必须选出宜春院的舞伎中有灵气的优秀技能者排在首尾，工拙者、搊弹家排在中间。到了真要上演时玄宗皇帝还要亲加策励，把此舞的成败与自己的声誉相联系，表明这个节目的高难度与重要性。平洌认为，"字以形言，舞以象德"是从开元之时开始的，这个精心制作的节目既是对帝王仁德的歌颂，有祝福意义，又美轮美奂，变化丰富，此后成为皇家庆典的常用项目。德宗时，南诏归唐，曾作《南诏奉圣乐》。舞人十六，执羽翟，以四为列，组成南、诏、奉、圣、乐五个大字。宋、明、清代也都有这类节目出现，深受朝野喜爱。

五、民间幻术崭露头角

唐代除了规模宏大的宫廷幻术，民间幻术也逐步得到发展，以各种面目出现的幻术师相当活跃。尤其是"安史之乱"使文化艺术遭到破坏，此后宫廷乐舞日渐衰落，艺人流散于民间。因此，在中晚唐，以民间卖艺为主的小型幻术发展起来。长安卖艺者多集中于慈恩寺一带。演出场地称"戏场""乐棚""道场""变场"。道场是寺院僧人借讲经之机聚众演艺的地方，可以说是一种经常性的庙会。在这种场合，民间幻术艺人特别引人注目。唐代民间幻术的流行，使幻术节目和技法进一步丰富起来，表演者来自各个层面，略举几例可见一斑。

陆羽藏珠

唐开元年间，名士陆羽"入伶党"（今天所谓"票友下海"的意思），擅长表演"木偶""假吏"及"藏珠"之戏。"藏珠"

属何种技艺，目前已不甚明了，但据记载，早在南北朝时，即有"藏珠""弄珠"一类的变化球体的技艺，推测起来唐代以后变化球弹的成套手法幻术"月下传丹""仙人栽豆"等，大约是从这类节目发展而来的。

祖珍俭的肢解术

据《朝野金载》记载：

> 唐咸亨中，赵州祖珍俭有妖术。悬水瓮于梁上，以刀砍之，绳断而瓮不落。又于空房内密闭门，置一瓮水，横刀其上。人良久入看，见俭支（肢）解五段，水瓮皆是血。人去之后，平复如初。冬月极寒。石臼冰冻，咒之拔出。卖卜于信都市，日取百钱，盖君平之法也。

讲的是唐高宗咸亨年间，赵州术士祖珍俭，能把一个水瓮悬挂在房梁上，然后用刀去砍，绳子砍断了而水瓮却不落下来；他在空房子里紧闭门户，搬进一瓮水，然后把刀横放在上面。过了好久，人们进去一看，只见祖珍俭已经肢解成五段，水瓮里全是血！人们走后，他又恢复了原来的样子；冬天极冷，石臼冻在了冰中，他一念咒语，就把石臼拔了起来。于集市算卦挣钱，这便是所谓的"君平之法"。这几套幻术今天看来是比较粗浅的。"肢解"在汉代已能当众表演；"把石臼拔起来"，如果事先稍有准备也不难办到。算卦更是传统的猜测、预测术。

巧取龙肝与瓜果

据《朝野佥载》记载：

> 唐明崇俨有术法。蜀县令刘靖妻患。正谏大夫明崇俨诊之曰："须得生龙肝，食之必愈。"靖以为不可得。俨乃书符，乘风放之上天。须臾有龙下，入瓮水中，剔取肝食之而差；大帝盛夏须雪及枇杷、龙眼子。俨坐顷间，往阴山取雪，至岭取果子，并到。食之无别。时瓜未熟，上思之，俨索百钱将去。须臾，得一大瓜。云："缑氏老人园内得之。"上追老人至，问之；云：土埋一瓜，拟进。适看，唯得百钱耳。

蜀县令刘靖的妻子病倒了。正谏大夫明崇俨为她诊脉后说："必须得有生龙肝呀，吃了病就会好的。"刘靖认为无法得到。明崇俨就画了一道符，乘着风放上天去，一会儿工夫，便有一条龙下来，钻进了水瓮之中。明崇俨将龙肝剔出来，给刘靖妻子吞食之后病便好了；唐大帝玄宗在盛夏想要雪和枇杷、龙眼等水果。明崇俨就在端坐不语的那一刻间，从阴山取来雪，从岭南取来水果，一并送到大帝面前，大帝食之，味道正合适；当时瓜尚未熟，皇上想吃，明崇俨要了百钱而去，没多会儿果然带回一个大瓜，并说："这是在缑氏老人瓜园里买的。"皇上追问老人是否属实。老人回答说，那瓜是在土里埋着的，挖开一看，只得到了一百钱。取龙肝、反时令取瓜果等节目在魏晋时均已有记载，明崇俨的表演严谨细致，令人信服。看来官吏中间也有幻术家存在。

纸人起舞

唐人孙顾《幻异志》载：衢州一位姓施的业余幻术高手，在夜饮亲朋时，用剪刀剪了一梳髻纸人。抛向地上然后自己唱曲，纸人起立飘舞不息。这可能是传统戏法"扇戏"的最早记载。

空手取钱

唐人蒋防的《幻戏志》叙述了民间幻术师马自然的高超技艺：他表演《种瓜》以瓦器临时盛土，须臾之间引蔓生花，结果取食，香美异常。又遍身及袜上取钱，所出钱不知多少，投进池中呼之一一飞出。这个节目设计非常巧妙，表演者手法非常高明，他随手从身上变出无数的钱币，又一一投进池中，观众看来所取的钱非常之多，其实很可能他的手中只有几个钱币，反复出现与隐蔽，因为他到底取出多少钱投进池中，没有人到水池底下去验证，运用手法将几个钱币变来变去，却造成遍身取得许多钱币的假象，确实是相当奥妙的幻术。"空手取钱"可称手法幻术中的经典节目，流传至今。

嘉兴绳技与印度绳术

民间幻术中最引人关注的是嘉兴绳技。国际幻术界一般都认为表演爬绳通天是印度传统幻术中最杰出的节目。但是，21 世纪初英国魔术家布兰生在他著的《印度魔术》一书中叙述他旅居印度30年，曾以重金悬赏征召会演爬绳通天的魔术师，在他指定的场景中表演，结果竟无一人应征。因此，他断定印度不曾有过这套幻术，得出印度的爬绳通天魔术实属子虚乌有的结论。而我国却发现若干中国幻术家表演爬绳通天的文图资料，表明这个节目不仅确实有过，而且在中国传承了一千多年连绵不绝。从现在掌握的资料来看，这个节目出现于唐代，称为嘉兴绳技。宋代李昉《太平广记》卷一百九十三已有记载：

> 唐开元年中，数敕赐州县大酺。嘉兴县以百戏与监司竞胜精技。监官属意尤切，所由直狱者语于狱云："党（傥）若有诸戏劣于县司，我辈必当厚责。然我等但能一事稍可观者，即获财利，叹无能耳。"乃各相问，至于弄瓦缘木之技，皆推求招引。狱中有一囚笑谓所由曰："某有拙技，限在拘系，不得略呈其事。"吏惊问："汝何所能？"囚曰："吾解绳技。"吏曰："必然吾当为尔言之。"乃具以囚所能白于监主，主召问罪轻重，吏云："此囚人所累，逋缗未纳，余无别事。"

> 官曰："绳技人常也，又何足异乎？"囚曰："某所为者，与人稍殊。"官又问曰："如何？"囚曰："众人绳技，各系两头，然后其上行立周旋。某只需一条绳，粗细如指，五十尺，不用系着，抛向空中，腾踯翻覆，则无所不为。"官大惊悦，且令收录。明日，吏领至戏场，诸戏既作，次唤此人，令效绳技。遂捧一团绳，

计百尺余，置诸地，将一头，手掷空中，劲如笔。初抛二三尺，次四五丈，仰直如人牵之，众大惊异。后乃抛高二十余丈，仰空不见端绪。此人随绳手寻，身足离地，抛绳虚空，其势如鸟，旁飞远飏，望空而去，脱身狴犴，在此日焉。

这个故事说的是唐玄宗开元年间，皇上多次下令让各州县兴办称为大酺的宴乐活动。嘉兴县令为此准备与监狱官比赛节目，监狱官心情急切，因为要是比不过县里的，就要受到责罚，但比好了，能得到奖励，正遗憾没有能人时，狱中有一囚犯笑着说："我有点拙技，与众不同。"狱官问："你会什么？"囚犯答："我会绳技。"狱官说，绳技很多人都会，没什么特殊的。囚犯说，我的绳技，和别人的不一样。狱官又问，有什么不一样的？囚犯说，别人的绳技，都是系住绳的两头，然后在绳上表演。我只需用一条如手指头粗细的绳子，五十尺长短，扔向空中就能为所欲为了。狱官非常惊喜。第二天，狱吏领囚犯到了大酺比赛现场，只见他拿着一大团绳子，足有一百多尺长，放在地上，将一个绳头抛向空中，绳子便笔直地立住了，开始时抛起的绳子只有两三尺高，继后且抛且立至四五丈高，绳子稳稳地直直地竖立着，就像有人牵着似的，大家感到很惊奇。再到后来，绳子竟抛到二十多丈，抬头已经看不到绳头，这个囚徒便手握笔直的绳子，像爬杆一样缘绳而上，越攀越高，离地越来越远，在空中像鸟似的远去不见了。囚徒神不知鬼不觉地借机逃跑了。这个故事非常幽默，生动地叙述了这个身怀绝技的囚徒，利用官吏们获利心切的心理，耍了个花招，逃离了囹圄。从幻术的眼光来看，确实是一场神奇而别致的幻术表演。

无独有偶，南唐尉迟渥所著的《中朝故事》中也记载了一段"爬绳隐遁"的幻术。

> 咸通中，有幻术者，不知其姓名，于坊曲为戏。挈一小儿，年十岁已来，有刀截下头，卧于地上，以头安置之，遂乞钱，云活此儿子。众竞与之，乃叱一声，其儿便起。明日又如此……（演毕）乃收拾戏具，并小儿入布囊中，结于背上。一面吐气一道如匹练，上冲空中，忽引手攀缘而上，丈余而没，遂失所在。

按记录时序来看，这两段记载是我们迄今发现的有关"爬绳遁人"的最早记载。

五代莫高窟 61 窟《幻师喻图》，榜题尚能辨认出"幻师以幻术力"等字迹

　　20 世纪 80 年代初，在五代（907—960 年）时期的敦煌壁画中发现了类似表演这个节目的图像。在三角绳垛或布篷中，竖立着一条长绳，有两人正缘绳而上，并出现幻师挥手作法（表演）的形象，旁边围绕六人作乐伴奏，十分生动。这幅壁画的珍贵之处，首先在于图中依稀可见墨书榜题："幻师以幻术力，依草木瓦石幻作众生若干色象，令见者种种分别，皆无真实。"这是描绘文殊菩萨道场五台山圣境中的一幅经变图，《楞伽经》立"诸法皆幻"为宗，这幅画正是一幅幻师喻。通过榜题说明：幻术师用幻术的法力，让草、木、瓦、石幻化各种物象，画面中的三角绳垛、布篷、绳索等均为幻象，在幻术师施展法力的操控下，使这些物件产生不同寻常的能力，譬如绳索能悬立在空中，甚至人还可以缘绳登天或隐遁。然而这都是虚幻之色象而已。

　　从幻术研究的角度来看，这幅画很重要，首先通过榜题，明明白白地告诉大众这是在表演幻术，从画面来看，演出的是唐代中原盛行的爬绳登天之遁术，其二，它为我们提供了唐代始爬绳遁人表演的现场状况。文字记载幻术表演现象，往往只记载了变化中最突出的亮点，而忽略了变化的环境与条件。而壁画就具体多了。绳子是从三角绳垛或布篷中，挺立起来，绳垛或布篷可以掩护做成这套幻术的机关装置。绳子比较粗壮绳内可能设置能直能曲的机关，这些均是特制的幻术道具。画面中的人均属演出班子的自己人，表面虽然各司其职，其实都是这套幻术的助手，这也比较符合这类幻术演出的实际状况。如果以此图提供的条件为基础来解构爬绳遁人幻术是有可能实现的。61 窟另一《幻师喻图》所绘的幻术演出环境有云雾，有树林，就更宜幻术表演，爬绳者更易借云雾、树木的掩护隐遁。通过这些文字及图片资料，我们可以相信这个节目在唐代确实存在过。

敦煌莫高窟 61 窟另一幅《幻师喻图》
表现的是爬绳者借云雾、树木的掩
护隐遁

六、宗教幻术继续发展

唐代是中国历史上思想比较自由开放、中外宗教交往频繁的重要
时期。在儒、道、佛诸家兼容并存的唐代，宗教家们的幻术亦大有发
展。大大小小的教派并存，彼此相互斗争又相互渗透，各显神通，促
进了宗教幻术的进一步发展。

1．道士的幻术

以原始巫术为基础，又吸收佛教影响而发展起来的道教，经唐代统
治者大力倡导，在社会上形成了浓厚的崇道氛围。道家主张炼丹服药、
成仙升天的神秘教义，并创造出一大批饱含道术神秘色彩的幻术节目。

张鷟的《朝野佥载》、段成式的《酉阳杂俎》中多有记载。唐代道士中幻术高手辈出。仅以唐代中叶为例：如道士殷文祥（殷七七）、王琼等擅长"朱日开花""白水酿酒"，女冠石氏自称九十岁，还能手采炉中火炭而吞食，乌江王道士和女儿七娘能剪纸月发光，能以竹杖划地而成迷宫。传说中的八仙即出现在唐代。张果老的幻术为人熟知。韩湘子的即席幻术也很精彩。据《青琐高议》载：韩湘子在叔祖文学家韩愈面前，以仅寸余小葫芦酌酒招待宾客，遍饮而酒不稍竭；又在烈火中种莲，顷刻开花。节目精彩而富于新意。八仙中与幻术关系最深的是吕洞宾。文人道士吕洞宾曾写下许多修仙悟道的诗文，如"朝游岳鄂暮苍梧，袖里青蛇胆气粗。三醉岳阳人不识，朗吟飞过洞庭湖"即是对他除暴安良、救贫解难的描述，可是有关他真实表演幻术的史迹却很少见，却传说他有《钟吕神仙戏术》《钟吕传道集》传世，因此令人不解的是古代幻术艺人反而尊他为祖师。作艺之前先拜他的牌位，直至近代他们在出场时念的锣赞中仍离不开吕祖：

一二三，三二一，戏法虽小吕祖传，他将凡人来教会，凡人谁敢泄机关。

或许可能是因吕洞宾名气大，富有文采，所以艺人才尊他为师。活跃于朝廷的道士们则更神通广大，特别是在盛唐时期唐明皇周围更是幻术高手云集。

叶法善显奇迹

唐代笔记杂录中，最有名的道士是叶法善。据传叶法善活了一百多年，历经高宗、中宗、睿宗、玄宗四朝，既在民间活动，也常在宫廷制造幻术奇迹。据《朝野金载》所载：

> 唐陵空观叶道士，咒刀。尽力斩病人肚，横桃柳于腹上，桃柳断而肉不伤。后将双刀砍一女子，应手两段，血流遍地。家人大哭。道士取续之，喷水而咒。须臾，平复如故。

这位叶道士很可能就是叶法善。他拿着刀念咒语，将桃柳枝横放在病人肚子上，然后尽全力砍下去，桃柳枝断了而病人一点也没受伤。后来，他又拿着双刀砍向一个女子，结果手举刀落，那女子当即被砍成两段，血流遍地。见状，女子的家人大哭。叶道士将女子的两段身子连在一起，喷上水之后念起咒语来。不一会儿，那女子便苏醒过来，跟原来一模一样。这是对"刀枪莫入"和"分身术"的如实描述，究其表演方法皆符合幻术程序。这类节目至今尚有演出。唐玄宗与叶法善情谊至深，为了表彰叶法善在平定内乱中的卓著功勋，唐玄宗于开元二年（714年）八月下诏：

> 道士叶法善，德崇真素，学究元微，体含众妙，道冠群仙，预睹衅萌，亟申忠义，宜嘉宠命，以答懋（盛大）功。仍遂乃怀，俾从真服，特授金紫光禄大夫、鸿胪卿、越国公（从一品），兼景龙观主。

叶法善在唐玄宗面前表演过不少幻术，最有趣的是他带唐明皇幻游凉州观灯。据《朝野佥载》记载：

> 唐玄宗于正月望夜，上阳宫大陈影灯，设庭燎，自禁门望殿门，皆设蜡炬，连属不绝，洞照宫室，荧煌如昼。时尚方都匠毛顺心多巧思，结构缯采，为灯楼十二间，高百五十尺，悬以珠玉金银，每微风一至，锵然成韵，仍以灯为龙凤虎豹腾跃之状，似非人力。有道士叶法善在圣真观，上促命召来，既至，潜引法善观于楼下，人莫知者。法善谓上曰："影灯之盛，天下固无兴比，惟凉州信为亚匹。"上曰："师顷尝游乎？"法善曰："适自彼来便蒙召。"上异其言，曰："今欲一往，得否？"法善曰："此易耳。"于是令上闭目，约曰："必不得妄视，若有所视，必当惊骇。"上依其言，闭目距跃，身在霄汉，已而足及地。法善曰："可以观览。"既视，灯烛连亘十数里，车马骈阗，士女纷杂，上称其善。久之，法善曰："观览毕，可回矣。"复闭目，与法善腾虚而上，俄顷，还故处，而楼下歌吹犹未终。法善至西凉州，将铁如意质酒肆，异日，上命中官托以他事使凉州，因求如意以还法善。

今天来回顾凉州观灯的幻术，是完全可以实现的。一位深受皇上信赖的道士，让皇上闭着眼睛跟着走，在黑夜里，只要把他带到一处皇上从未光顾的地方，就可谓为"凉州"。验证铁如意质酒肆之事，对于有经验的幻术师来说，也是驾轻就熟的事。

张果老的传说

张果老是大家熟知的八仙之一。根据《明皇杂录》记载：

张果老为唐明皇表演方冠养驴幻术

　　张果者，隐于恒州条山，常往来汾晋间。时人传有长年秘术。耆老云："为儿童时见之，自言数百岁矣。"唐太宗、高宗累征之，不起。则天召之出山，佯死于妒女庙前。时方盛热，须臾臭烂生虫。闻于则天，信其死矣。后有人于恒州山中复见之。果常乘一白驴，日行数万里，休则重叠之，其厚如纸，置于巾箱中；乘则以水噀之，还成驴矣。开元二十三年，玄宗遣通事舍人裴晤，驰驿于恒州迎之。果对晤气绝而死。晤乃焚香启请，宣天子求道之意，俄顷渐苏。晤不敢逼，驰还奏之。乃命中书舍人徐峤，赍玺书迎之。果随峤到东都，于集贤院安置，肩舆入宫，备加礼敬。玄宗因从容谓曰："先生得道者也，何齿发之衰耶？"果曰："衰朽之岁，无道术可凭，故使之然，良足耻也；今若尽除，不犹愈乎。"因于御前拔去鬓发，击落牙齿，流血溢口。玄宗甚惊，谓曰："先生休舍，少选晤语。"俄顷召之，青鬓皓齿，愈于壮年。一日，秘书监王迥质、太常少卿萧华尝同造焉。时玄宗欲令尚主，果未之知也，忽笑谓二人曰："娶妇得公主，甚可畏也。"迥质与华相视，未谕其言。俄顷有中使至，谓果曰："上以玉真公主早岁好道，欲降于先生。"果大笑，竟不承诏。二人方悟向来之言。是时公卿多往候谒。或问以方外之事，皆诡对之。每云："余是尧时丙子年人。"时莫能测也。又云："尧时为侍中。"善于胎息，累日不食，食时但进美酒及三黄丸。玄宗留之内殿，赐之酒。辞以山臣饮不过二升。有一弟子，饮可一斗。玄宗闻之喜，令召之。俄一小道士自殿檐飞下，年可十六七，美姿容，旨趣雅淡。谒见上，言词清爽，礼貌臻备。玄宗命坐。果曰："弟子常侍立于侧，未宜赐坐。"玄宗目之愈喜，遂赐之酒，饮及一斗，不辞。果辞曰："不可更赐，过度必有所失，致龙颜一笑耳。"玄宗又逼赐之，酒忽从顶涌出，冠子落地，化为一榼。玄宗及嫔御皆惊笑，视之，已失道士矣……

张果老，没有人知道他多大年纪，隐居在恒州中条山里，出入常骑一头白驴，日行数万里，停歇下来，就在驴背上一拍，驴立刻变成一张纸一样厚薄的皮，然后把它像纸一样折叠起来，放在巾箱里面；等到要骑时，取出用水一喷，即成真驴。开元二十三年，玄宗听得他的名声，迎他入朝，变了几套小戏法博得唐玄宗信任竟要把玉真公主下嫁给他。过去记载的幻术故事，往往把表演者说的与现场演的混为一谈，如说白驴能变活日行万里，看到的也许只是一场皮影戏。

唐明皇幻游月宫

唐玄宗游月宫的故事，见于多处记载，据《太平广记·卷二十二》"罗公远"条：

开元中，中秋望夜，时玄宗于宫中玩月。公远奏曰："陛下莫要至月中看否？"乃取拄杖，向空掷之，化为大桥，其色如银。请玄宗同登，约行数十里，精光夺目，寒色侵人，遂至大城阙，公远曰："此月宫也"，见仙女数百，皆素练霓衣，舞于广庭。

相传，玄宗见到数百仙女，素衣飘然，婀娜多姿，随音乐翩翩起舞于广庭中，便默默记下仙女们优美的舞曲。回到人间后，玄宗即命令伶官依其声调整理出一首优美动听的曲子，然后配上模仿月宫仙女舞姿的舞蹈，也就成了后世闻名的《霓裳羽衣曲》。唐明皇游月宫由此成为千古佳话，月宫从此也有了"广寒宫"之称。

事实上这个貌似神话的故事，从幻术的角度来看是完全可以实现的。中国古代幻术素有布置幻景、仙境的传统。汉代张衡《西京赋》中有过许多类似的描述，六朝的"天台山伎"也是一种幻景展现。这些表演在光天化日、众目睽睽之下尚可实现，在夜间展示更是不难做到；幻术发展到唐代，唐明皇宠幸的道士暗中准备一场月宫的幻景也是不难办到的。但是我们不得不佩服这场幻术设计者的高明，他利用了中秋这一文化背景，在中秋之夜这一特殊氛围下，幻术师邀请唐玄宗去月宫显得十分自然，仅邀皇上一人，使唐玄宗在心理上更相信自己有仙缘，在这种氛围中，在幻术师的引领操控下，欣赏到他平时在宫廷未曾见过的宗教乐舞，很容易使唐明皇深信是到了广寒宫。唐明皇凭记忆编排《霓裳羽衣曲》乐舞，更扩展了幻游月宫的影响。这个幻术与汉武帝见李夫人有异曲同工之妙，只演给唐明皇一个人看，他信服了就大功告成，其余全是传说，而且越传越神，成为千古之谜。

唐明皇幻游月宫在民间具有深远影响，往往成为其他艺术作品的创作题材，宋代出现唐明皇游月宫镜便是其一。圆形镜后，右侧有一参天桂树，树下有桥，上站一侍女，似在迎接，岸边一个戴高冠帽的男子，桥上还有捣药玉兔与金蟾。左侧祥云缭绕，云上有三人，背后有一处宫殿。桥下水面上有条龙，踏浪前行。这显然讲的是唐明

宋代唐明皇游月宫镜

皇游月宫的故事；江苏金坛窖藏出土一件元代凸花玄宗游月宫故事银盘（残）。直径17.1厘米，高1厘米。银盘凸花工艺，饰仙山楼阁，祥云缭绕，仙人立于行云之上，玄宗与罗公远于月宫中，仙女执扇托瓶侍立一旁。由于唐玄宗游月宫故事的流传及相关衍生艺术品的盛行，进一步扩大了道家幻术的影响。

2. 僧道斗法皆幻术

佛教幻术在隋唐时期亦有发展。诗人郑嵎在《津阳门诗》里描述了术士罗公远与金刚三藏的幻术较量。

禁庭术士多幻化，上前较胜纷相持。罗公如意夺颜色，三藏袈裟成散丝。

郑嵎在自注里对这一事件记载得非常详细：

> 　　上颇崇罗公远，杨妃尤信金刚三藏。上尝幸功德院，将谒七圣殿，忽然背痒，公远折竹枝化作七宝如意以进。上大喜，顾谓金刚曰："上人能致此乎？"三藏曰："此幻术耳。僧为陛下取真物。"乃于袖中出如意，七宝炳耀，而光远所进，即时复为竹枝耳。后一日，杨妃始以二人定优劣。时禁中将创小殿，三藏乃举一鸿梁于空中，将中公远之首，公远不为动容，上连命止之。公远飞符于他处，窃三藏金栏袈裟于簀中，守者不之见。三藏怒，又咒取之，须臾而至。公远复噀水龙符于袈裟上，散为丝缕以尽也。

术士罗公远与金刚三藏一道一僧，从描述中我们可以看出，他们表演了"竹枝变如意""空手变如意""遁袈裟""袈裟变形"。表面上二人各使绝技以争高低，但或许，也有可能是二人联合设计了一场互动幻术表演。二人都是幻术高手，相互配合，共创神奇效果。

荆术士喷水作画

《酉阳杂俎》记载：

> 　　大历中，荆州有术士从南来，止于陟屺寺。好酒，少有醒时。因寺中大斋会，人众数千，术士忽曰："余

> 有一伎。可代抃瓦磕珠之欢也。”乃合彩色于一器中，驔步抓目。徐祝数十言，方饮水再三，噀壁上。成维摩问疾变相，五色相宜，如新写，逮半日余，色渐薄，至暮都灭。惟金粟纶巾鹙子衣上一花，经两日犹在。

唐代大历年间，有个姓荆的术士从南方而来，住在陟岷寺。他喜欢喝酒，一喝就醉，很少有醒着的时候。一日，寺中举行大斋会，来了好几千人。荆术士忽然说道：“我有一技艺，比用手拍碎瓦片，变珠子更有趣。”说罢，他便将各种颜色的染料调和在一个器皿里，跨前一步抬头注目，缓缓地念起咒语，祝祷几十句，继后喝下好几口水并将水喷到墙上。墙上显出维摩诘访问人间疾苦的图像，各种颜色互相衬映，如同刚画的一样。过了大半天，那色彩渐渐变淡，傍晚便消失了，只有金粟如来维摩诘衣上的一朵小花，过了两天还依然存在。由此看来唐代亦有化学幻术存在。

梵僧难陀作幻术舞

《酉阳杂俎》记载：

> 唐丞相魏公张延赏，在蜀时，有梵僧难陀得如幻三昧，入水火，贯金石，变化无穷。初入蜀，与三尼俱行，或大醉狂歌，戍将将断之。乃僧至，且曰：“某寄迹桑门，别有药术。”因指三尼。“此妙于歌管。”戍将反敬之，遂留连，为办酒。夜会客与剧饮，僧假裲裆巾帼。市

铅黛，饰其三尼。及坐，含睇调笑，逸态绝世。饮将阑，僧谓尼曰："可谓押衙踏某曲也。"因徐进对舞，曳绪回雪，迅赴摩趺，技又绝伦也。良久，曲终而舞不已。僧喝曰："妇女风耶？"忽起取戍将佩刀，众谓酒狂，惊走，僧乃拔刀砍之，皆踣于地，血及数尺。戍将大惧，呼左右缚僧。僧笑曰："无草草。"徐举尼，三枝筇枝也，血乃酒耳。又尝在饮会，令人断其头，钉耳于柱，无血。身坐席上，酒至，泻入脰疮中，面赤而歌，手复抵节。会罢，自起提首安之，初无痕也。时时预言人凶衰，皆谜语，事过方晓。成都有百姓，供养数日，僧不欲住，闭关留之，僧因走入壁间，百姓遽牵，渐入，惟余袈裟角，顷亦不见。来日壁上有画僧焉，其状形似，日月渐薄。积七日，空有黑迹，至八日，黑迹亦灭，已在彭州矣。后不知所之。

宋代李公麟《维摩诘访问人间》（局部）

　　唐朝的丞相魏公张延赏，在蜀郡做官的时候，有一个叫难陀的印度和尚悟得了幻术的要领，入水火，穿金石，无所不能，变化无穷。他刚刚来到蜀郡，与三位尼姑同行，一日喝得大醉狂歌起来。一位军队的将领见状，想出手干涉。难陀迎上前去，说："我出身于沙门，别有道术。"然后指指那三位尼姑："她们都善于歌舞乐器。"于是，那将领反倒对他们有了几分敬意，并将他们留住，置办一桌酒席，晚上同他们开怀畅饮。难陀和尚借来了女人的衣服和头巾，又买来胭粉，把三位尼姑打扮了一下。坐下之后，他同尼姑们眉来眼去地调笑着，风流绝世。酒快喝完时，难陀对尼姑们说："咱们踏着曲子跳一段如何？"于是，他们便缓缓起舞。难陀的舞姿俊雅激昂。他跳着跳着，忽然又打坐于地，真是技艺绝伦。良久，曲终而舞不停。难陀喝道："这些女人疯了！"忽然拿起那位将领的佩刀。众人都以为他喝醉了，耍酒疯，四散而逃。难陀拔刀砍向尼姑们，尼姑们被砍倒在地上，血溅出好几尺远。那位将领惊恐起来。命手下人把难陀捆起来。难陀笑道："你不要惊慌。"说完，他把那三位尼姑缓缓举起来，原来是三棵竹枝而已，她们的血就是酒。他还让人砍下自己的脑袋，钉在柱子上，一点血也没有。他仍坐在席间，酒来了就顺着颈部的伤口倒进去，脸色红扑扑地唱起歌来，手还打着节拍。散筵之后，他自己提起脑袋再安到脖子上，一点痕迹都没有。他还时常为人预言吉凶，全用隐语，事情过后才能明白。成都有个老百姓，把他留在自己家中供吃供喝好几天，他却要走。那家主人关上门挽留他。难陀于是走到墙壁上，主人急忙去拽，他却渐渐钻进墙里，只剩下袈裟一角。一会儿，袈裟角也不见了。第二天，他的画像出现在墙上，与本人酷似。随着时光的推移，画像的颜色渐渐变淡。第七天，空有黑迹；第八天，黑迹也消失了。这时候，难陀早已到了彭州，后来便不知去向。这些幻术除去夸张成分，在事先有足够准备的条件下，用一定道具配合是有可能做到的。

3．西方苦行术的影响

苦行术又称酷刑术。在历代的乐书中往往把幻术与西域相联系，而西域宗教幻术又往往与苦行术相联系，唐代尤甚。印度婆罗门教、佛教、祆教往往都用苦行术来显示神通。

祆教与苦行术

祆神庙每年祭神祈福时，有许多苦行术表演。据《朝野佥载》卷三记载：

> 唐梁州祆神祠。至祈祷日，祆主以利铁，从额上钉之，直洞腋下，即出门。身轻若飞，须臾数百里。至西祆神前，舞一曲，即却至旧祆所，乃拔钉，一无所损。卧十余日，平复如初。莫知其所以然也。

梁州祆神祠，每到祈祷日这一天，祆主就将钉子之类的利铁从额头钉进去，再从腋下穿出来，然后立即出门，身子轻得如同飞起来一般，一会儿就能走几百里。到西祆神祠前，舞上一曲，然后返回到原来的祆神祠，把钉子拔出来，结果一点也没有损伤。只需卧床休息十几天后，便恢复了原来的样子。《朝野金载》还记载了河南府的立德坊及南市西坊，都有胡祆的神庙。每年，人们都杀猪宰羊，奏起各种乐器，载歌载舞，开怀畅饮，乞求胡祆赐福。酬敬完祆神之后，征募一西域人做祆主，观众施舍一些钱给他。这祆主拿出一把刀，锋利无比，吹毛立断。他把这刀刺入腹中，刀尖从后背穿出来，再把刀搅个不停，肠肚流血不止。吃喝之后有顷，他将伤口喷上水再念咒语，当即恢复原样。这一表演极具幻术表演特色。在光启元年敦煌写本《沙州伊州地志》残卷中，也描述了唐朝进兵高昌之前，伊州祆主翟盘陀在京师的"下祆神"表演。

婆罗门与苦行术

《法苑珠林》载：

> 唐贞观二十年（646年），西国有五婆罗门来京师，善能音乐、祝术、杂戏、截舌、抽肠、走绳、续断。

《旧唐书卷二十九》载：

> 大抵《散乐》杂戏多幻术，幻术皆出西域，天竺尤甚。汉武帝通西域，始以善幻人至中国。安帝时，天竺献伎，能自断手足，刳剔肠胃，自是历代有之。我高宗恶其惊俗，敕西域关令不令入中国。

苦行术自汉代以来，历代都有。显庆元年，高宗登临安福门楼观看大
酺，有天竺婆罗门艺人表演以刀自刺的幻戏。唐高宗认为他的表演太
过惊世骇俗，不让它进入中国，下诏称：

> 如闻在外有婆罗门胡等，每于戏处，乃将剑刺
> 肚，以刀割舌。幻惑百姓，极非道理，宜并发遣还
> 蕃，勿令久住，仍约束边州，若更有此色，并不须
> 遣入朝。

汉代画像石——西域苦行术不断传到中原

但是从之后的事实看，高宗的禁令也只是一纸空文，没有起到多
大的实际效用。睿宗时，婆罗门贡献的能在刀锋上起舞，并以刀历脸
植背的杂技乐人就是显例。《旧唐书》载：

> 睿宗时，婆罗门献乐，舞人倒行，而以足舞于极

铦刀锋，倒植于地，低目就刃，以历脸中，又植于背
下，吹筚篥者立其腹上，终曲而亦无伤。又伏伸其手，
两人蹑之，施身绕手，百转无已。

唐睿宗时由天竺婆罗门传来的苦行术：表演时将极锋利的刃剑倒插于
地，演员用头部顶在刀上，或用背和腰部横卧在刃尖上，然后有一人
立于腹上，自吹筚篥，曲终一无所损。

佛教与苦行术

佛教在流传过程中，也有苦刑修炼法术。敦煌 158 窟涅槃变图像
中西域送葬诸王子中有刺心剖腹形象，可能就是古代佛教地狱变相的
寓意。

总之，各个教派均利用幻术来增强各自的神秘感与影响力。苦刑
幻术随着各教派大量涌入中原，如自己肢解身躯、杀人复活、利剑穿
心等节目，是西域宗教传入后才盛行于中国的，而今舞台上人体分割之
类的幻术已发展成大宗。西域输入这类刺激感官的幻术禁而不绝，对于
中国后世民俗、宗教和幻术的发展，乃至生死观产生了深远的影响。

七、幻术东渐与交流

中国幻术传入周边国家古已有之。据日本平安时代的藤原明衡
《新猿乐记》所载，当时有不少日本新杂技、戏乐为唐散乐的变种，
所提到的"咒师"即幻术师，"唐术"即幻术。日本于公元 607 年派

遣小野妹子率领的使团来到中国。当时，正值喜欢戏乐的隋炀帝在洛阳举行有三万人参加的、规模空前的百戏会演，使日本人大开眼界。随着日本遣隋使和遣唐使一次次来华，日本从文武天皇时代开始系统学习中国文化，幻术也陆续传入日本。唐代的散乐百戏，日本称为"猿乐"，中国幻术师在乐部中拥有较高地位。幻术一般仅在宫廷表演。藤原明衡在《新猿乐记》中记录了许多幻术节目。19 世纪下半叶，日本奈良正仓院博物馆发现一本叫《唐傩会》（又称《信西入道古乐图》）的古画册，记录唐朝流入日本的幻术、杂技、乐舞节目达30 余种。画册为一长卷，是公元 12 世纪日本画家的作品，原件已佚，现存的是日本宝历五年（1755 年）画家藤原贝干的摹本。书中绘有"吞刀""吐火""卧剑"等传统幻术，图中显示的表演形式、技巧都有所发展。此外，最引人注目的是"新罗乐入壶舞"和"入马腹舞"等变人的幻术。

吞刀吐火

唐代的西域幻术既有继承前代的典型节目，也有外来的新节目。在继承的传统节目中，吞刀和吐火仍是重点。虽然它最早是汉代从西域传入的，但是经过近千年的融合和加工，已完全成为本土风格的节目。唐代演出的吞刀和吐火，见于《乐府杂录》。王棨《吞刀吐火赋》有形象描述：

> 吞刀之术斯妙，吐火之能又玄。咽却锋铤，不患乎洞胸达腋；嘘成煳赫，俄惊其飞焰浮烟。原夫自天

竺来，时当西京暇日。逞不测之神变，有非常之妙术。

在《信西入道古乐图》中，吐火的演员浓眉短须，右手张开，左手叉腰作势，张口吐出长长的一道熊熊火焰，其形象与近代相似；而饮刀子舞则与近代的表演形式不同。一般的吞刀是将一柄长度适当的刀剑，仰头从口中插入食道。而在《信西入道古乐图》中，刀体被分为6段入口，也可能是表现6刀同时入口，或另有他意。

入壶舞

《信西入道古乐图》中的一个新幻术节目是"入壶舞"，题为"新罗乐入壶舞"，画面注有《通典》对幻术的解释。在两张方形四脚的矮台子上，各置一个扁圆形的坛子，有一人从右坛口钻入，脚朝天，好像正要将全身隐入缸中；左坛口则钻出一人，高举双袖，正将从坛里出来。两个画面联系起来看，是表现演员从右边坛子里遁走，而从左边坛子里变出的过程，其画风和近代的连环画一样。这个节目与近代的"缸遁"形式相同。缸下装木架，表明下面是透空的，无法隐藏演员。图中标以"新罗乐"字样，表明这一幻术是途经朝鲜半岛新罗国传入日本的崭新节目，内中凝聚了中国、朝鲜半岛与日本文化交流的亲密关系。与百济国人将中国三国时代吴乐传到日本一样，朝鲜半岛起到了过渡作用。

入马腹舞

在《信西入道古乐图》中另有一图，表现一匹高头大马站立于前，一人正从马后臀部钻入马腹，其下半身尚露在外面，而上半身已从马嘴里钻了出来，露着双手和上身。这是一个含有幽默情趣的幻术节目，题为"入马腹舞"。显然，若用真马来表演是无法做到的。从人和马的比例来看，这匹马特别巨大，可能是一具有幻术结构的乔装马，技法与入壶舞相似。

中国幻术东渐，对日本幻术的孕育和发展起到了重要推动作用。日本明治维新以来，日本幻术亦注意汲取西方幻术的养料，从而形成东西方合璧、具有自己独特风格的幻术。近代，日本幻术又对我国幻术产生了重要的影响。我国民间称其为"东洋把戏"或"东洋魔术"。

唐朝对外推行平等友好的开放政策，广泛开展了中外经济文化教育的交流，促进了文艺大繁荣。在唐代幻术与其他表演艺术一样，得到了长足的发展，具有多姿多彩的风貌。唐代幻术大量增加，为宋代幻术的分科提供了条件。

入马腹舞

宋辽金幻术在民间发展

第六章

　　宋王朝都市繁荣，科技进步，封建文化更臻成熟。随着城市经济的壮大、新兴市民阶层的诞生，人们对文化娱乐生活提出了新的更高的要求。原本属于皇家贵族才有的文化娱乐也出现在平民生活中，相对稳定的演出市场逐步形成，为幻术的发展提供了有利的条件。宋代幻术的特点是在民间作场卖艺，自由发展。幻术自先秦以来，存在着一个逐步从"巫术""神仙游戏""佛法神通""方术数术"的神灵操控中解脱出来的过程，至宋代它才更加名正言顺地以表演艺术的面目出现。这时大部分幻术师虽然还打着"神仙"的旗号，却常常直接在勾栏瓦肆作场卖艺以谋求生计与发展。除瓦肆勾栏中的艺人之外，更多的艺人则流浪街头，称为"路岐人"。他们为生活所迫而四处奔波，或设摊于西湖长堤，或趁赶庙会献技，以求温饱。《西湖老人繁胜录》载：

　　（杭州）十三军大教场，教奕军教场，后军教场，南仓内，前权子里，贡院前、佑圣观前宽阔所在，扑赏并路岐人在内作场，行七圣法、吞剑、取眼睛、圣花撮药。

宋代幻术演出形式多种多样，有在瓦肆勾栏常年作场的，也有游走乡镇流动表演的，还有在各种节庆集会演出的。形形色色的演出此起彼伏。

一、勾栏瓦肆的幻术

勾栏瓦肆是职业娱乐场所，是平民百姓都能进的娱乐场所。按南宋吴自牧《梦粱录》解释，"瓦舍者，所谓来时瓦合，去时瓦解，易聚易散也。"往往会因人而兴地，反过来又能因地而兴业。这里汇聚了想看演出的观众和常年演出的专业艺人。为了便于演出，在瓦肆中装置了许多围栏，以划分出不同的表演区，称之为勾栏。每个勾栏是一个营业单位。据《东京梦华录》卷五记载，北宋汴京遍布瓦肆。街南桑家瓦子，近北则中瓦，次则里瓦，其中大小勾栏五十余座，另外还有朱家桥瓦子、州西瓦子、州北瓦子等。大的瓦肆可容数千人，不以风雨寒暑，诸棚看人，日日如是。瓦肆勾栏有各种形式的文艺演出，节目丰富，演员阵容庞大。无论是谁，只要有时间、有钱，又爱好艺术，就可以经常去勾栏瓦肆看演出。《梦粱录·百戏伎艺》记载他们演出的节目有：

踢瓶、弄碗、踢磬、踢缸、踢钟、弄花鼓捶、踢笔墨、壁上睡、虚空挂香炉、弄花球儿、拶筑球、弄斗、打硬、教虫蚁、弄熊、藏人、烧火、藏剑、吃针、射弩端等艺。技艺高超者有包喜、陆寿、施半仙、金宝、金时好、宋德、徐彦、沈兴、赵安、陆胜、包寿、范春、吴顺、金胜等。

他们的表演很精彩。正如吴自牧评价他们的艺术："此艺施量，委是奇物；藏去之术，则手法疾而已。"勾栏瓦肆的新节目成批地涌现。比起以往只有在重大节庆或宫廷盛宴才能观看的大型幻术，民间幻术小型多样的节目，正好配合市民的世俗性、娱乐性，以及散金碎银的观看成本。对于各行艺人来说，由流浪演出过渡到固定作场，有了一个相对稳定的卖艺求生的环境，在瓦肆中艺人们都力求以新奇的表演形式和惊人的技艺来吸引观众，促进了技艺的发展与提高。瓦肆勾栏的存在大大满足了市民娱乐生活和审美需要，提高了人们的文化生活质量。瓦肆勾栏是中国式的游乐场的雏形，这也是宋代以降千年间，百戏幻术作艺与生存发展的主要阵地。

二、节庆活动中的幻术

据《梦粱录·百戏伎艺》载：

每于明堂郊祀年分，丽正门宣赦时，用此等人，立金鸡竿，承应上竿抢金鸡。兼之百戏，能打筋斗、

踢拳、踏跷、上索、打交辊、脱索、索上担水、索上
走装神鬼、舞判官、斫刀蛮牌、过刀门、过圈子等……
遇朝家大朝会、圣节，宣押殿庭承应。则官府公筵，
府第筵会，点唤供筵，俱有大犒。

宋代宫廷教坊缩小，每逢节庆也多在民间征集演员。幻术师经常应官府的差役，参加宫廷朝典，如"元宵放灯""圣寿节"等，在各种节庆活动中大显身手。

1．元宵放灯中的幻术

宋承唐的习俗，以每年农历正月十五为上元节，七月十五为中元节，十月十五为下元节，合称"三元"。每节皆有灯嬉，上元节最盛。宋代将元宵放灯大联欢着于法令。宋太祖削平群雄后宣称"朝廷无事，区宇咸宁，况年谷之屡丰，宜士民之纵乐"，决定把元宵节的灯会由三日增至五日。京城和各州府在这些天里，大办灯彩和游乐活动，民间艺人、衙前乐人及左右军一齐呈艺；三元观灯、赐酺，都采取了"与民同乐""推恩于众"的群众性联欢形式。禁城内外彩饰缤纷，市民入夜倾城而出掌灯游行，演出队伍边游边演，气氛十分热烈。

据《东京梦华录·元宵》记载：

正月十五日元宵，大内前自岁前冬至后，开封府

结缚山棚，立木正对宣德楼。游人已集御街。两廊下奇术异能，歌舞百戏，鳞鳞相切，乐声嘈杂十余里。击丸蹴鞠，踏索上竿；赵野人倒吃冷淘；张九哥吞铁剑；李外宁药法傀儡；小健儿吐五色水、旋烧泥丸子；大特落灰药；骨柮儿杂剧；温大头、小曹嵇琴，党千箫管；孙四烧炼药方；王十二作剧。邹遇、田地广杂扮；苏十、孟宣筑球；尹常卖五代史；刘百禽虫蚁；杨文秀鼓笛；更有猴呈百戏，鱼跳刀门，使唤蜂蝶，追呼蝼蚁；其余卖药卖卦，沙书地谜，奇巧百端，日新耳目。

　　彩山左右以彩结文殊、普贤，跨狮子、白象，各于手指出水五道，其手摇动。用辘轳绞水上灯山尖高处，用木柜贮之，逐时放下，如瀑布状。又于左右门上，各以草把缚成戏龙之状，用青幕遮笼，草上密置灯烛数万盏，望之蜿蜒如双龙飞走。自灯山至宣德门楼横大街，约百余丈，用棘刺围绕，谓之棘盆。内设两长竿，高数十丈，以缯彩结束，纸糊百戏人物，悬于竿上，风动宛若飞仙……

元宵放灯活动热闹非凡，在众多的游艺项目中幻术占有相当比重。张九哥的吞铁剑，李外宁的药法傀儡，小健儿的吐五色水、旋烧泥丸子，大特落灰药，孙四烧炼药方，刘百禽虫蚁，猴呈百戏，鱼跳刀门，使唤蜂蝶，追呼蝼蚁，卖药卖卦，沙书地谜，这些奇巧的表演，都是不同形式的幻术表演。展示的灯彩中也有不少幻术设计，如文殊、普贤手指出水；草龙用青幕遮笼，望之蜿蜒如双龙飞走；百戏人物，悬于竿上，风动宛若飞仙，均系巧妙幻术结构。南渡后的元宵节，临安市民的游行队伍中，表现最突出的数各种"舞队"。据《梦粱录·元宵》记载，舞队的内容十分丰富，其中也有许多幻术节目，如穿心人入贡、抱锣装鬼等。

2．圣寿节中的幻术

赵宋历朝皇帝很重视的诞辰之日，各有其特定的名称。如宋太祖以二月十六为长春节；太宗以十月初七为乾明节，复改为寿宁节；高宗以五月二十一为天申节等，每逢这些节日都要举行庆典。南渡后的君主们更会享受。据周密《武林旧事·圣节》载，宋理宗的"圣节"共饮酒43盏之多，"第十一盏，琵琶独弹，大吕调《寿齐天》。撮弄，《寿果放生》，姚润"。"第十七盏，鼓板。舞绾《寿星》，姚润。"说明在同一次庆典中竟然有两次幻术表演，可见皇帝对幻术的喜爱。这两个节目都是幻术家姚润为祝寿设计的特别节目。"寿果放生"是在琵琶独奏大吕调《寿齐天》的伴奏下，幻术师姚润变出大大的寿桃来，这是幻术师独特的祝寿方式。突然间又从寿桃中变出小鸟自由飞翔，既给人出其不意的惊喜，又表达了放生添寿的寓意，兼之《寿齐天》乐曲的演奏，视听交融，共颂皇上寿与天齐，可谓"圣寿节"的点题之作；"舞绾"是姚润在节奏鲜明的鼓板声中，腾踏舞跃之间，突然变出一个寿星来，站在自己肩上拜舞不辍。两个幻术都有表现添福增寿的含义，自然深受欢迎。

三、诸军百戏中的幻术

南宋孟元老的《东京梦华录》里，翔实地记录了北宋末年，宋徽宗赵佶在开封城内宝津楼前，观看诸军百戏演出的盛况：

驾登宝津楼，诸军百戏，呈于楼下。先列鼓子十数辈，一人摇双鼓子，近前进致语，多唱"青春三月蓦山溪"也……忽作一声如霹雳，谓之"爆仗"。则蛮牌者引退，烟火大起，有假面披发，口吐狼牙烟火，如鬼神状者上场，着青帖金花短后之衣，帖金皂裤，跣足，携大铜锣随身，步舞而进退，谓之"抱锣"，绕场数遭，或就地放烟火之类。又一声爆仗，乐部动《拜新月慢》曲，有面涂青碌，戴面具金睛，饰以豹皮锦绣看带之类，谓之"硬鬼"。或执刀斧，或执杵棒之类，作脚步蘸立，为驱捉视听之状。又爆仗一声，有假面长髯，展裹绿袍靴简，如钟馗像者，傍一人以小锣相招和舞步，谓之"舞判"。继有二三瘦瘪，以粉涂身，金睛白面，如髑髅状，系锦绣围肚看带，手执软仗，各作魁谐趋跄，举止若排戏，谓之"哑杂剧"。又爆仗响，有烟火就涌出，人面不相睹，烟中有七人，皆披发文身，着青纱短后之衣，锦绣围肚看带，内一人金花小帽，执白旗，余皆头巾，执真刀，互相格斗击刺，作破面剖心之势，谓之"七圣刀"。忽有爆仗响，又复烟火，出散处以青幕围绕，列数十辈，皆假面异服。如祠庙中神鬼塑像，谓之"歇帐"，又爆仗响，卷退，次有一击小铜锣，引百余人，或巾裹，或双髻，各着杂色半臂，围肚看带，以黄白粉涂其面，谓之"抹跄"，各执木棹刀一口，成行列，击锣者指呼，各拜舞起居毕，喝喊变阵子数次，成一字阵，两两出阵格斗，作夺刀击刺之态百端讫，一人弃刀在地，就地掷身，背著地有声，谓之"扳落"。如是数十对讫，复有一装田舍儿者入场，念诵言语讫，有一装村妇者入场，与村夫相值，各持棒杖互相击触，如相驱态。其村夫者以杖背村妇出场毕……

宝津楼诸军呈百戏通篇记载中，幻术占了相当篇幅。诸军百戏中的一大段，是以宋代新兴的烟火幻术为主导，结合杂技、舞蹈、武术、滑稽等多种表演的哑杂剧。在爆仗巨响，烟雾弥漫中，展现种种奇异景象，大致可以分为8个段落。（1）忽作一声如霹雳，谓之"爆仗"，展现大千世界光怪陆离；（2）又一声爆仗，展现妖魔鬼怪丛生；（3）又爆仗一声，展现钟馗戏鬼捉鬼；（4）继而展现鬼魅逃避钟馗；（5）又爆仗响，展现眉山七圣神奇斗法；（6）忽有爆仗响，展现神灵显圣；（7）又爆仗响，展现除魔降妖；（8）最后一个场景展现教化众生。这一长段表演，都是模拟虚无缥缈的神鬼世界。头戴假面、披头散发的幻术师，表演升烟吐火，破面剖心肢解人体，又穿插钟馗戏小鬼等

《宝津竞渡》之"行舟顶竿""行舟蹬竿"均属水上飘色、悬浮幻术（元王振鹏作）

哑剧，最后是数十神鬼的造型。这场演出极具特色。它以传统幻术技法为基础，与新兴杂剧相结合，其规模之宏大，变化之丰富，节目之新颖别致，是以往不曾见过的。演员或戴假面，或画脸谱，或文身，从演出剧情来看很可能是劝善金科一类的神话故事，也可能是《目连救母》杂剧的前生。幻术与杂剧相结合，不仅提高了艺术品位更充实了思想内涵。正如灌圃耐得翁在《都城纪胜》中评论的那样：演出大致分为艳段、正杂剧两段，前者为"寻常熟事"，后者为故事演唱，有"诨"有"砌"，"大抵全以故事世务为滑稽，本是鉴戒，或隐为谏诤也"。

四、庙会中的幻术

幻术与庙会结缘历史悠久，宋代庙会是一种富有民俗文化气息的演出形式。借着宗教、集市活动，常使一个地区热闹非凡。据《东京梦华录》记载：

> 六月六日，州北崔府君生日，多有献送，无盛如此。二十四日，州西灌口二郎生日，最为繁盛……自早呈拽百戏，如上竿、趯弄、跳索、相扑、鼓板、小唱、斗鸡、说诨话、杂扮、商谜、合笙、乔筋骨、乔相扑、浪子、杂剧、叫果子、学像生、掉刀、装鬼、研鼓、牌棒、道术之类，色色有之，至暮呈拽不尽。殿前两幡竿，高数十丈，左则京城所，右则修内司，搭材分占，上竿呈艺解。或竿尖立横木，列于其上，装神鬼、吐烟火，甚危险骇人。至夕而罢。

汴京的这类庙宇如神保观者，本是皇帝敕赐的御庙，常与禁内有直接往来，而法事香火及其百戏演出，则主要是为广大香客民众而设，演出者也多来自民间。乔筋骨、乔相扑、掉刀、装鬼、研鼓、牌棒、道术之类都与幻术相关，特别是上竿表演、装神鬼、吐烟火非常惊险。此表演是在竿尖顶端立一根横木，表演者爬到竿尖顶端的横木上以神鬼的面貌出现，悬在高空吐烟吐火，"甚危险骇人"。幻术作为压场戏具有强烈的震撼效果。

五、幻术社团的出现及影响

由于都市经济的发达，勾栏瓦肆兴起，带来了激烈的竞争。为了适应新的生存环境，很自然地要求优化杂技百戏的队伍及其组织形式，促使同行艺人或因师承关系，或因业务需要，形成一帮一伙的组织，逐步建立起称为"社"或"会"的团体。艺人们以专业为基础形成的"社会"，是一种经营性的演出团体，类似于后世的杂技班和专业行会。这些团体的规模，小的仅有十几人或几人，往往以师徒、家族关系相维系，为首的多是著名艺人；小组织联合起来，便成为行业的组织，大的多达几百个成员，如"福建鲍老社"就有300多人，"苏家巷傀儡社"有24家傀儡班参加。社会的成员来自社会各方，有艺人世家，也有没落的知识分子，有村落百戏的农民，甚至有和尚、道士，男女老幼都有。但也不是随便什么人都可以联络进来。如《梦粱录》所载：

> 武士有射弓踏弩社，皆能攀弓射弩，武艺精熟，射放娴习，方可入此社耳。更有蹴鞠、打球、射水弩社，则非仕宦者为之，盖一等富室郎君、风流子弟与闲人所习也。

"社会"的兴起，可以起到作艺生活相互照应，相互协作，共同保守行业技术机密，培养聚集人才，提高业务水平等作用。有了这种组织，一方面便于官府的役使和监控，另一方面也有了与官府周旋、抗争的有利条件。维护艺人自身的利益，促进了百戏幻术的发展和提高，是宋代百戏繁荣不可忽视的因素之一。

南宋时各种行当的"社"星罗棋布。幻术也与其他表演艺术一样，出现了艺人们的专业组织。据周密《武林旧事》记载：

> 百戏云集，如绯绿社（杂剧），斋云社（蹴球），
> 遏云社（唱赚），同文社（耍词），角抵社（相扑），
> 清音社（清乐），锦标社（射弩），锦体社（绣花），
> 英略社（使棒），雄辩社（说书），绘革社（影戏），
> 净发社（梳剃），律华社（吟叫），云机社（撮弄）……

"云机社"后面注明为"撮弄"，就是专门钻研小型幻术的社会。"云机社"的领头人林遇仙，虽出身于"路岐人"，但他在长期流浪卖艺生涯中，磨炼出一身硬功夫，终于成了地位很高的幻术师，并成了幻术社的首领。这些社团平时研习幻术技艺，培养幻术人才，每逢节日和官办的大型活动，技艺出众者大多应召参加。见诸文字记载的，就有几十位知名的幻术家，如包喜、陆寿、施半仙、金宝、金时好、宋德、徐彦、沈兴、赵安、陆胜、包寿、范春、吴须、金胜等都是宋代十分活跃的幻术师。

六、幻术的分科与发展

勾栏瓦肆的新兴，小型多样演出格局的确立，促进了百戏幻术的分化。杂剧、杂手艺、幻术、口技、傀儡等各门类艺术纷纷走向独立，发展自己独特的一面，提高各自的艺术魅力。分类分科发展也波及幻术界内部。宋代科学技术的高度发展，促使幻术向纵深发展。磁铁、

瓷器、火药、机械和各种新材料的深度开发，以及诸多应用技术的进步，促使幻术技艺不断出现新的品种和新的技法。演艺界市场竞争的激烈，迫使艺人们加快创新步伐，各种幻术节目不断增多，为幻术分科提供了基础；在以炫耀技艺能力为主要内容的时代，必须演艺高超方能取胜，这就促使宋代幻术家在技艺上精益求精。不少成功的幻术师一生只钻研一两类幻术，并练就得炉火纯青，有的擅长手法幻术，有的擅长撮弄幻术，有的擅长藏掖幻术，自然引起幻术界内部分科。按今天的眼光看来，宋代幻术至少有五个重要的门类已初具规模，即仅凭双手灵巧操控变化杂物的手法类幻术；以小道具为主，配合手法技巧的撮弄类幻术；凭空突然变出众多彩品的藏掖类幻术；以药物促发变化的药发类幻术；以变人为对象的大型幻术。

1. 手法幻术的提炼

中国幻术历来重视手法技巧的提炼，运用双手遮掩、传递、转换，使物件来去、增减、变化的一类节目，在宋代有突破性的发展。如"弄泥丸""弄头钱""变钱儿""绵包儿"等，自成套路的节目相继产生。宋之前出现的"吞刀""吐火""钓鱼""种姜"之类，大多需用机关过门结合手法技巧掩护来促成变化，而宋代的一些手法幻术，则往往不需要特别的机关，仅凭演员灵巧的双手遮掩，便能使物件来去无踪。《东京梦华录》记载北宋正月十五元宵节时，开封府著名艺人小健儿专演"吐五色水"和"旋烧泥丸"。《西湖老人繁胜录》中也提到了"撮弄泥丸"这类节目变化多端。例如，宣和四年（1122 年），南宋军中有一道士，独携一装满泥的竹筐，庭下数百观者，道士让他们自取泥如豆般纳入口内，再加以询问：欲得作何物？果实还是肴馔，抑或是饴蜜？不要说时节土地应有之物，要依自己的意思说。然后道士仰空吸气，呵入人口中，各随所需而变，并告诫这些人勿嚼勿咽，可再易他物。于是，奇迹发生了，刚才成为肉的能变成果，成为果的能变成肉……千变万化，无有穷极，实际上，这只是一种貌似泥丸的食品罢了。再如绍兴年间，临安有一八十余岁的老道士，自称

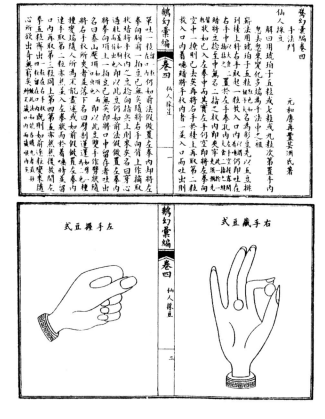

清《鹅幻汇编·仙人采豆》

过去是东京景灵宫道士，继承了北宋幻术的神韵。他经常冬日在三省门外空地聚众表演"泥丸子"幻术，用湿纸裹黄泥，向着太阳晒干，成为坚瓦。老道对围观者说，小术呈献诸君子为戏，却觅几文钱买酒。这大约是"开场白"，为正式的泥丸演出做好铺垫。接着他随地画"金""木""水""火""土"五个字，各捻一泥丸，包上湿纸，放在坚瓦上，借着日色晒，并告观者勿遮阳光。少顷去纸，东方的色青如靛，南方的赤如丹，西方的白如珠，北方的黑如墨，中央如黄蜡似的。往来观者，成百上千，无不相顾叹异，纷纷向老道扔下银钱（见《宋代市民生活》）。表演者程序设计异常巧妙，把泥丸巧变五色与阴阳五行相结合犹显神奇。

"旋烧泥丸"与炼丹

"旋烧泥丸"与炼丹关系密切。从南唐至北宋道家修炼吐纳之术风气日盛，道教服气吐纳、辟谷炼气的一类方术，渐渐演化出内丹之说，并过渡到以内丹修炼取代外丹修炼。这一演变，促使丹丸类幻术滋生与发展。丹丸的神奇变化往往利用幻术来展现。据魏泰《东轩笔录》载：

> 丁谓既为宫使，夏竦以知制诰为判官。一日，宴官僚于斋厅，有杂手伎俗谓弄碗注者，献艺于庭，丁谓顾语夏竦曰："古无咏碗注诗，舍人可作一篇。"夏竦即席赋诗曰："舞拂挑珠复吐丸，遮藏巧使百千般。主公端坐无由见，却被旁人冷眼看。"丁谓览读变色。

这件事发生在 1008—1016 年，北宋名臣，古文字学家夏竦，任玉清昭应宫判官，上司丁谓在斋厅宴请同僚，有表演弄碗注者助兴，丁谓对夏竦说："以前没有人咏诵过弄碗注的诗词，你可以作一篇。"夏竦即席吟诵了以上这首七绝，用"主公端坐无由见，却被旁人冷眼看"隐喻丁谓以神仙之事误导真宗皇上、耗费国币不可胜计的奸计。丁谓听了气得脸都变色了。该故事从幻术的角度来看，为"弄碗注"作了鲜明而生动的描述。"舞拂挑珠复吐丸，遮藏巧使百千般"，明确提到"舞拂""挑珠""吐丸"这些细节，与吐纳丹丸息息相通。"弄碗注"这个节目在《东京梦华录·宰执亲王宗室百官入内上寿》中也有记载。在上第三盏御酒时，左右军百戏入场表演，其中就有"弄碗注"。"弄碗注"从字面来揣测，"弄"就是撮弄，变戏法，"碗"即表演丹丸珠豆必用的道具，是促成变化的遮掩物，"注"即注入珠、丸之类变化之物。连起来看，即是通过舞拂、挑珠、吐丸等撮弄技巧，使珠、丸在碗间发生变化。这类节目在唐代已有记载，称"弄碗珠伎"或"丹珠伎"，那时只有名目而无表演现象。夏竦的诗为我们提供了"舞拂""挑珠""吐丸"这些细节，使我们有理由相信"弄碗注"这个节目很可能就是世界驰名的中国典型手法幻术"仙人栽豆"的雏形。"仙人栽豆"就包括舞拂、挑珠、吐丸等动作，是演绎吐纳之术的幻术。《武林旧事》中列举的精于此道的高手王小仙、施半仙、章小仙、袁承局等，多以道家面目作艺，自称为"仙"，他们各有妙招，不仅手法高妙，也反映出创作思想的深邃和程序设计的精微。夏竦诗中提及"遮藏巧使百千般"点明了技巧的高明巧妙与套路的丰富。夏竦的这首诗是较早描写手法幻术的诗，它透露出手法幻术在宋代已很流行。

2．撮弄小戏法

　　"撮"指用手指取物，"弄"即耍弄技巧，"撮"与"弄"两字联用，是指以运用道具巧妙机关为基础结合手法技巧表演的一类幻术。据《通俗篇》解释："撮弄亦名手技，即俚俗所谓作戏法也。"它与手法幻术同为小型幻术，后世多称其为小戏法，其节目有"撮米酒""撮放生"等。"撮米酒"即是"酒米三变"的雏形，可能包括空碗取米、米粒倍增、顷刻酿酒三次变化。

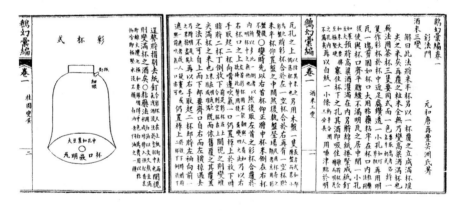

《鹅幻汇编·彩法门·酒米三变》

　　"撮放生"可能是空手变出寿桃寿果之类，再从中变鱼虫禽鸟等。由于变的都是活物，有一定的难度，需依靠道具的巧妙结构和表演者的灵巧表演，方能达到奇妙的艺术效果。这一行的知名演员颇多，仅以《武林旧事》中"撮弄杂艺"所载，就有林遇仙、赵十一郎、赵家喜、浑身手、张赛哥、王小仙、姚遇仙、赵念五郎、赵世昌、赵世祥、耍大头、金宝、施半仙、金逢仙、小关西、陆寿、包显、女姑姑、施小仙等。撮弄幻术短小精悍，适宜勾栏瓦肆厅堂表演，宫闱贵府也常招集他们去演出。如《武林旧事》中记载，宋理宗生日时，姚润表演撮弄"寿果放生"，突破了一般的祝寿模式，起到了画龙点睛的效果。

《夷坚志》中的撮弄术

《夷坚志》也记载过这类幻术。有一个叫鲁晋卿的术士，常常到宿迁县崔镇朱彪家做客。一天朱彪和族友在后圃饮酒，鲁晋卿来了，朱彪对他说："你能学着古人化鲜鲤做脍给大家尝尝吗？"鲁晋卿笑着说："这个容易，只要有一片鱼鳞就可以了。"朱彪命仆人取数片鱼鳞给鲁晋卿，鲁又要了一贮满水的瓦瓮，投鳞其中，盖上青巾，时时揭视，良久举巾，数鲤腾出，一座大惊。厨师用此鱼做脍，其鲜腴超过了市场上所卖的鱼。这是传统幻术"钓鱼"之类的再现。染缯术也可归于撮弄类。据《夷坚乙志·卷十五》载：

> 王锡文在京师，见一人推小车，车上有瓮，其外为花门，立小榜曰"诸般染铺"。架上挂杂色缯十数条。人窥其瓮，但贮浊汁斗许。或授以尺绢，曰欲染青，受而投之，少顷取出，则成青绢矣。又以尺纱欲染茜，亦投于中，及取出成茜纱矣。他或黄或赤或黑或白，以丹为碧，以紫为绛，从所求索，应之如响。而斗水

未尝竭。视所染色，皆明洁精好，如练肆经日所为者。
竟无人能测其何术。

此种"染缯术"，就表演现象而言，当是撮弄幻术之类的精彩节
目，可惜后世失传。

3．藏掖术与搬运法

传统的"搬运术"在宋时称"藏挲""藏掖"，或称"藏挟"。在《宋
史·乐志》《文献通考》和陈旸《乐书》里都曾提及。据《乐书》解释：
"藏掖伎：藏挟，幻人之术，盖取物象而怀之，使观者不能见其机（关）
也。""藏掖"一词指出了表演这类幻术的实质，即要变出物件来，

藏掖幻术献寿桃

表演前必须把它预先准备好巧妙地隐藏在身上，到变化时顺利掏出来。搬运术是从表演现象而言，为了增加幻术的神秘感，表演者往往把变来之物归功于鬼使神差；宋代的称呼比起以往的"搬运术"来，少了一点仙气，多了一点表演艺术的气息。

　　这类节目发展到后来，即是俗称的"堂彩"，今称"古彩戏法"。在卧单的遮盖下，变出酒菜、寿果、三戟瓶（谐音谓"平升三级"）、玩具、水碗，乃至大鱼缸、火盆、动物等诸多的物件。表演这类节目首先要有控制水火的机枢，演员除了手疾眼快外，还要有深厚的桩子功和体力。所有的东西都要不露痕迹地藏掖在身上，要火不烧身，水

清代通草画"火不烧身"

不湿衣，活物不窒毙，挟带的方法是相当巧妙的。宋代"藏挨"类幻术已达到相当高度。

北宋至道初年（996年）的上元夜，有位擅长藏挨的幻术师，在大庭广众之下，当着皇帝的面表演"藏火"绝技：艺人带着一个火焰熊熊的巨盆，迎立于太宗的驾前，高声扬言："大家看藏火戏。"只见他脱去其他服装，只披一绛袍将巨火盆掩饰起来，再将绛袍在两手团揉，像无物似的，过了一会儿，将绛袍掷于地，即举而披之，襟袖间火焰四射，将他的须眉都灼了，可是"藏火者"却神色自如，豁开绛袍，只见火在袍中，燃烧如前……（见《宋代市民生活》）变出或隐遁火盆的技艺代代相传，至今仍保留在古彩戏法中。

"藏挈药法傀儡"是宋代"藏挨"幻术中的新项目。怎样藏压，傀儡形式如何，史书没有记载。是一种利用"火药"爆发力驱动的傀儡？或是指能够显现活动人物幻象的烟火装置？这曾引起幻术界的许多猜测，说法莫衷一是。周贻白推断药发傀儡是"焰火"的初始形式。他说："既称'藏压'，或系借药力的爆炸使其活动。今之所谓'焰火'，每有人物随火光而出现，或即此项遗制。"（见《中国戏剧史长编》）药发傀儡非常新奇精彩，稍后将在烟火幻术中再述。

宋代诗人楼钥写的组诗"戏和三绝"中，有一首是写"藏挨"的：

尽教逞技尽多般，毕竟甘心受面谩。
解把人间等嬉戏，不妨笑与大家看。

可见宋代藏掖类幻术已相当丰富，并深受民众欢迎。

4. 烟火幻术的新兴

烟火幻术是宋代新兴的幻术品种，又称"焰火戏"，也可以称"药发幻术"。它是以火药配制为基础的幻术。火药是中国四大发明之一。火药是由古代炼丹家发明的。从战国至汉初，帝王贵族们沉醉于成神成仙、长生不老的幻想，驱使一些方士、道士炼"丹"成风，在炼丹的过程中逐渐发明了火药的配方。隋代，诞生了硝石、硫黄和木炭三元体系火药。黑色火药在唐代正式出现。唐代炼丹家于唐高宗永淳元年（682年）首创了硫黄伏火法，用硫黄、硝石，研成粉末，再加皂角子（含碳素）。唐宪宗元和三年（808年）又创状火矾法，用硝石、硫黄及马兜铃（含碳素）一起烧炼。这两种配方，都是把三种药料混合起来，已经初步具备火药所含的成分。火药的最初使用并非在军事上，而是用于幻术。

药发傀儡

幻术与炼丹本来就有着千丝万缕的关系，火药首先用于幻术是顺理成章的事。最初火药是用在藏掖幻术的彩品中。"药法傀儡"是一种制作非常精致的幻术。演出前将作为动力的火药、丝绸和棉纸制作的折叠傀儡，以及各种可以产生奇异光焰的材料，一起藏入花炮里，藏掖在表演者身上或道具中，表演时由火药引线燃烧，点燃花炮，将隐藏其中的傀儡射向空中，借助火药的爆炸、燃烧之力量，傀儡人物随火光而出现。他们在夜空中飘浮、旋转、隐遁、消失，从而产生神秘莫测的艺术效果。这就是原始的药发傀儡。

烟火幻术的扩展

通过宋代幻术艺人不断钻研，药发傀儡的表现内容越来越丰富，制作技艺越来越精深，发展为表现力更强的"烟火戏"，俗称"烟火盒子""烟火架子"。即表现一组故事人物或一出故事场景，预先将彩扎傀儡人物、景观、字画等依照故事顺序装置在烟火匣里，再集合为"烟火架子"。其构造是将多种烟火串连在一起分成若干节，置放在高架上点放。引线点燃烟火架子，凭借火药的爆发力，推动人物、景观、字画依次升空，在空中飞舞、盘旋，从而展示民俗，闪现故事。南宋宫廷制造的成架烟火最为精巧，外形如一大屏风，上画钟馗捕鬼之类市民喜闻乐见的形象，内藏药线，一经点燃，连绵百余不绝，光耀夺目，变幻莫测。新兴的烟火幻术，在制作、藏掖、施放等环节均需要较强技术支持，比如制作成架烟火，需要设计火力的久暂，药线的迟速，排列组合火药的远近，需要精确计算，精心制作，过程非常复杂。如若没有专门的技能是驾驭不了的。百戏的出演，豪门的庆贺，都是由烟火专业艺人承担烟火的施放。宋代制作和操纵药发傀儡成为幻术中一个独立的行当。在东京操纵药发傀儡卓有成就者，有李外宁、张臻妙、温奴哥等人。在临安则有陈太保、夏岛子等专业艺人。

随着火药科技的发展，烟火幻术也越来越美妙，使用范围越来越宽泛，规模越来越宏大。在火药中掺入多种金属的技术渐趋成熟，大大丰富了火药的声光效果，使烟火幻术的表演大为增色。宋时在大型文娱演出中频繁使用烟火来烘托气氛。例如，在宝津楼诸军百戏的整场幻术哑杂剧演出中，六次运用烟火穿插。在爆竹巨响，烟火大着中，扮鬼神者，口吐狼牙烟火；抱锣者就地表演施放烟火，又爆竹响，烟火涌出，人面不相见，遁人变物，幕间转换，全仗烟火爆发迷漫，制造出虚幻缥缈的鬼神世界的神秘气氛，发挥了烟火戏法的独特魅力，增强了整场演出的艺术效果。

南宋皇室"元夕"灯会中，烟火幻术也很兴盛。据《武林旧事》载：

> 至二鼓，上乘小辇，幸宣德门，观鳌山。擎辇者皆倒行，以便观赏。金炉脑麝如祥云，五色荧煌炫转，照耀天地。山灯凡数千百种，极其新巧，怪怪奇奇，无所不有……宫漏既深，始宣放烟火百余架，于是乐声四起，烛影纵横，而驾始还矣。大率效宣和盛际，愈加精妙。

烟火盒子高悬一旦引燃，各式各样药发傀儡就会弹向空中徐徐降落。"元夕"灯会是在百余架烟火相继绽放中结束，烟火幻术作为君民同乐的压场戏盛况空前。

南宋烟火伎艺人不断推出各式各样的烟火玩具，如利用火药燃烧时产生的气体，向外喷射时的反推力围绕一个轴心旋转的原理，制造出了旋转型烟火玩具"地老鼠"。在南宋理宗初年的上元节，宫中燃放烟火时，"地老鼠"径窜至恭圣太后座下，使恭圣太后惊惶起来，

金瓶梅插图——民间施放烟火

意颇疑怒。然而从中也可以看出，"地老鼠"十分有趣，它不仅能喷火，还能被反力推动着在地上横冲直撞地乱跑。"地老鼠"作为烟火的一个特殊品种，不仅宋以后的历代都将其保留下来，而且在18世纪传到了西方。直到现在，我们还将"地老鼠"作为最具娱乐性的烟火玩具。放烟火逐渐发展成为民众广泛参与的游艺项目。年节时市场出售的鞭炮、果子、烟火盒子成了民俗工艺流传至今，为大众所喜爱。

5. 以变人为对象的幻术

以变人为对象的幻术古已有之，包括人的隐遁分身、悬浮登天、幻化变形，等等；另有一类则是展现人体的种种特异功能，如"吞刀""吐火""截舌""断手足""吃针""吞枪"及"剖腹挖心""砍头断臂""肢解复原"，等等。涉及人的变化的幻术，业内往往称之为大戏法。在宋代变人的幻术大为发展，宋代文献记载过"藏人""壁上睡"，可惜缺少诠释，推断可能类似于近代的"搬倒箱"和"空中悬人"之类的节目。"舞绾"从名目看，有装扮和耍弄的意思。由两位演员表演，一小演员化装成特定的人物，而由另一演员举在肩上舞弄，亦称肉傀儡，这与流传至今的背阁相似。宋周密《武林旧事》卷三"迎新"条说："以木床铁擎为仙佛鬼神之类，驾空飞动，谓之'台阁'。"抬阁（古文中亦作台阁），以及类似抬阁的芯子、飘色、扛妆等，在民间十分流行，是在行进中表演的悬浮幻术。

穿胸国入贡

南宋舞队的"穿胸国入贡"也类似于抬阁，棍棒直贯人体，由人抬着，手捧奇珍异宝入贡。这种悬浮术形式新颖幽默，显示出其不一般的幻术构思水平。它是一个设计巧妙四面都可以观看的节目，这个节目流传至今，有人以为它是近百年才从国外引进的节目，其实它是地道的"国粹"。它是根据《山海经》中"穿胸国"的神话故事创作的，既有幻术的奇思妙想，又有"恩威所至，异域咸服"的意义。

山东汉画像石描绘的穿胸国人，宋代队舞有穿胸国入贡表演

幻戏与装鬼神

宋代变人的特色节目还有"装鬼神"。南宋孟元老写的笔记《东京梦华录》中"诸军百戏"和"六月六日崔府君生日"里多次提及的装"硬鬼""装骷髅""歇帐""装神鬼""吐烟火"就属此类。南宋画师李嵩绘制的《骷髅幻戏图》为我们提供了形象资料，它巧妙地把傀儡耍傀儡的幻术表演生动地描绘了出来。画家把操纵悬丝傀儡的幻术师和被操纵的偶人都绘制成骷髅形状，画面上的大小两具骷髅动作灵活似真人，吸引着无知的婴孩伸手探试；孩子的母亲对骷髅却心怀畏惧，不由地去追逐正在爬向骷髅的孩子；而在提线艺人的身后，是一位正在哺乳的妇人，看着傀儡师习以为常的表演，表现出见惯不惊的神态，图中的"五里"及其下面的砖石结构的高台就是五里单堠，是一个记路程的标志。这幅画生动地描绘出宋代路伎，拖家带口流浪在城镇乡村，终年奔波，一站又一站地跑码头作艺的情景。这幅名画多被认为是画家表达宗教意识的幻想之作；但从幻术研究者的角度来

看，从标题到画面都是十分写实的作品。宋代诗人楼钥《戏和三绝·傀儡》诗曰：

　　　　假合阴阳有此身，使形全在气和神。王家幻戏犹坚固，线索休时尚木人。

它与《骷髅幻戏图》皆说明幻戏是幻术与傀儡相结合的一种表演形式，在古代傀儡是幻术的一个特殊门类，它是鬼神万物有灵的载体，可以巧妙地展现天神地鬼人生百态。

《骷髅幻戏图》装鬼神　南宋画师李嵩绘制　　　　　装鬼神细部

　　宋代幻戏以展现装鬼神、骷髅做戏为能事。《东京梦华录·驾登宝津楼诸军呈百戏》中就有"烟火大起，有假面披发，口吐狼牙、烟火如鬼神状者上场""有面涂青碌戴面具金眼，饰以豹皮锦绣看带之类，谓之硬鬼""继有二三瘦瘠，以粉涂身，金眼白面如骷髅状"的描述。这类节目一直流传下来，清初丁耀亢《续金瓶梅》第四十八回中也有所反映，写刘瘸子见一个道人唱"庄子叹骷髅"的故事，当道人唱完一套曲子，只见那骷髅皮肉复生，竟还阳成人，并自报姓名为"福州人武贵"。可以想见，道人是边说唱边耍弄傀儡，最后把傀儡变为真人，这突如其来的变幻效果，十分精彩。

七圣刀与七圣法

在宋代，传统的西域酷刑幻术节目仍然相当流行，或精细或粗犷，多种多样，并且进一步融合在中原文化中。这种融合最为典型的是"七圣法"，即"续头术"。"七圣法"初见于北宋，孟元老《东京梦华录·驾登宝津楼诸军呈百戏》载：又爆竹响，有烟就地涌出，人面不相睹。烟中有七人，皆披发文身，着青纱短后之衣，锦绣围肚看带。内一人金花小帽，执白旗，余皆头巾，执真刀，互相格斗击刺，作破面剖心之势，谓之"七圣刀"。破面剖心这类西域幻术传至北宋演变为"七圣刀"，增添了中原文化色彩。"七圣刀"，与道家传说中的"梅山七圣"密切关联。据《灌志文征·李冰父子治水记》：

> 二郎喜驰猎之事，奉之命而斩蛟，其友七人实助之，
> 世传梅山七圣。

至今四川二王庙山门内小戏台横额尚有木刻线雕涂金人物图像，即二郎偕梅山七圣助李冰斗犀图。

七圣刀陶塑玩具

2008 年西安博物院推出"百家藏珍"展，展品中有一件罕见的表现幻术"七圣刀"的陶塑玩具，为单面模印人物，脚微残，残高 8 厘米，人物为穿着铠甲的行法者，披发、跣足，铠甲外有罩衣，腰间系织物腰带和围肚，双手作剖心之势。其衣着、表演与《东京梦华录》里诸军表演"七圣刀"时基本吻合。西北大学博物馆也从民间征集到一件与之造型相同的陶塑，西安新面世的这件宋代陶塑，为我们提供了珍贵的物证。这种令世人惊骇的幻术，至今宝鸡市陈仓区赤沙镇还有遗迹可循，每逢闰年表演一次这类"刺心剖腹"的血社火。大荔县溢渡村二月二庙会也会表演这种血社火，它们很可能就是古代"七圣祆队"在偏远地域遗存下来的"活化石"。

北宋时这种幻术主要由军人表演，在南宋郡州每年迎神活动中也有市民组成的"七圣祆队"，后流传到南宋的杭州，演出的形式、场合、内容及演员，都有变化，"格斗击刺"的火爆场面已被删除，"七圣刀"也改成了"七圣法"。据《西湖老人繁胜录》的记载，在杭州的十三军教场、南仓内、前权子里、贡院里、佑圣观前等宽阔所在，常有一位叫"杜七圣"的艺人作场，表演七圣法。它的表演过程是：先"切人头下"，再"卖符"，最后"依元接上"。表明这时已经是一个纯粹的符咒型"续头法"节目了。当时这位杜姓艺人，因其技艺的精湛已经到了无懈可击的程度，被尊称为"杜七圣"。

杜七圣的续头术

元末罗贯中的《三遂平妖传》，以杜七圣的精彩表演为原型，详细描述了"七圣法"的惊心动魄。该书第十一回"弹子和尚摄善王钱　杜七圣法术剁孩儿"写道：

> 两人走到相国寺前，只见靠墙边簇拥着一伙人在那里。冉贵道："观察少等，待我去看一看。"踮起脚来，人丛里见一二佰人中间围着一个人，头上裹顶头巾，带一朵罗帛做的牡丹花，脑后盆来大一对金环，曳着半衣，系条绣裹肚，着一双多耳麻鞋，露出一身锦片也似文字，后面插一条银枪，竖几面落旗几，放一对金漆竹笼。却是一个行法的，引着这一丛人在那里看。
>
> 元来这个人在京有名，叫做杜七圣。那杜七圣拱着手道："我是东京人氏，这里是诸路军州官员客旅往

来去处，有认得杜七圣的，有不认得杜七圣的，不识也闻名。年年上朝东岳，与人赌赛，只是夺头筹。有人问道：杜七圣！你会甚本事？我道：两轮日月，一合乾坤。天之上，地之下，除了我师父，不曾撞见个对手与我斗这家法术！"回头叫声："寿寿我儿，你出来！"看那小厮脱剥了上截衣服，玉碾也似白肉。那伙人喝声彩道："好个孩儿！"杜七圣道："我在东京上上下下，有几个一年也有曾见的，也有不曾见的。我这家法术，是祖师留下，焰火炖油，热锅煅碗，唤做续头法。把我孩儿卧在凳上，用刀剖下头来，把这布袱来盖了，依先接上这孩儿的头。众位看官在此，先交我卖了这一佰道符，然后施逞自家法术。我这符只要卖五个铜钱一道！"打起锣儿来，那看的人时刻间挨挤不开。约有二三佰人，只卖得四十道符。杜七圣焦躁不卖得符，看着一伙人道："莫不众位看官中有会事的，敢下场来斗法么？"问了三声，又问三声，没人下来。杜七圣道："我这家法术，交孩儿卧在板凳上，作法念了咒语，却像睡着的一般。"正要施逞法术解数，却恨人丛里一个和尚会得这家法术，因见他出了大言，被和尚先念了咒，道声："疾！"把孩儿的魂魄先收了，安在衣裳袖里。看见对门有一个面店，和尚道："我正肚饥，且去吃碗面了来，却还他儿子的魂魄未迟！"和尚进入面店楼上，靠着街窗，看着杜七圣坐了。过卖的来放下箸子，铺下小菜，问了面，自下去了。和尚把孩儿的魂魄取出来，用碟儿盖了，安在棹子上，一边自等面吃。

话分两头，却说杜七圣念了咒，拿起刀来剥那孩儿的头落了，看的人越多了。杜七圣放下刀，把卧单来盖了，提起符来去那孩儿身上盘几遭，念了咒，杜七圣道："看官！休怪我久占独角案，此舟过去想无舟。逞了这家法，卖这一佰道符！"双手揭起被单来看时，只见孩儿的头接不上。众人发声喊道："每常揭起卧单，那孩儿便跳起来。今日接不上，决撒了！"杜七圣慌忙再把卧单来盖定，用言语瞒着那看人道："看官只道容易，管取这番接上！"再叩齿作法，念咒语，揭起卧单来看时，又接不上。杜七圣慌了，看着那着的人道："众位看官在上！道路虽然各别，养家总是一般。只因家火相逼，适间言语不到处，望看官们恕罪则个！这番交我接了头，下来吃杯酒。四海之内，皆相识也！"杜七圣伏罪道："是我不是了，这番接上了。"只顾口中念咒，揭起卧单看时，又接不上。杜七圣焦躁道："你交我孩儿接不上头，我又求告你，再三认自己的不是，要你饶恕，你却直恁地无礼！"便去后面笼儿里取出一个纸包儿来，就打开撮出一颗葫芦子，去那地上把土来掘松了，把那颗葫芦子埋在地下。口中念念有词，喷上一口水，喝声："疾！"可霎作怪！只见地下生出

一条藤儿来，渐渐地长大，便生枝叶，然后开花，便
见花谢，结一个小葫芦儿。一伙人见了，都喝彩道：
"好！"杜七圣把那葫芦儿摘下来，左手提着葫芦儿，
右手拿着刀，道："你先不近道理，收了我孩儿的魂魄，
交我接不上头，你也休要在世上活了！"看着葫芦儿，
拦腰一刀，剁下半个葫芦儿来。却说那和尚在楼上拿
起面来却待要吃，只见那和尚的头从腔子上骨碌碌滚
将下来，一楼上吃面的人都吃一惊；小胆的丢了面，
跑下楼去了，大胆的立住了脚看。只见那和尚慌忙放
下碗和箸，起身去那楼板上摸一摸，摸着了头，双手
捉住两只耳朵，掇那头安在腔子上，安得端正，把手
去摸一摸。和尚道："我只顾吃面，忘还了他的儿子魂
魄。"伸手去揭起碟儿来。这里却好揭得起碟儿，那
里杜七圣的孩儿早跳起来。看的人发声喊。杜七圣道：
"我从来行这家法术，今日撞着师父！"

这里描写了地道的中国民间幻术作艺方式，反映出杜七圣的七圣
法在民众中的深远影响，同时也反映出当时尚有人在表演这个节目。
作者很可能亲自看过这类节目，不然很难写得如此生动具体。表演开
场杜七圣说了一番江湖套话："年年上朝东岳，与人赌赛，只是夺头
筹……天之上，地之下，除了我师父，不曾撞见个对手与我斗这家法
术！"杜七圣当然有江湖吹嘘的成分，但他的名气确实很大，不然他
的故事不会流传下来，更不会被人写入小说中。接下来，杜七圣叫自

《三遂平妖传·杜七
圣法术剩孩儿》插图

己的孩儿寿寿脱掉了上衣，赤着膊。于是又先对他的幻术续头法做了
一番说明："我这家法术，是祖师留下，焰火炖油，热锅煅碗，唤做
续头法。把我孩儿卧在凳上，用刀割下头来，把这布袱来盖了，依先
接上这孩儿的头。"正当围观的观众被吸引住，皆欲一探究竟的时候，
杜七圣却卖起关子来了："众位看官在此，先交我卖了一佰道符……"
说罢，艺人便打起锣来。于是，当场便被买去了40道符。杜七圣收
了钱，才开始表演他的续头法。下面是杜七圣与弹子和尚僧道斗法的
描述。

续头术的流变

七圣法可以说是一出幻术剧，是由种瓜、肢解、破面剖心等典型
幻术为骨子活，以僧道斗法为线索的幻术剧。种瓜、肢解、破面剖心
都是流传已久的传统幻术。《酉阳杂俎》已有梵僧难陀表演续头术的

177

记载。南唐《中朝故事》的记载则更接近幻术剧：

　　咸通中，有幻术者，不知其姓名，于坊曲为戏。挈一小儿，年十岁已来，有刀截下头，卧于地上，以头安置之，遂乞钱，云活此儿子。众竞与之，乃叱一声，其儿便起。明日又如此，聚人千万，钱多后，叱儿不起，其人乃谢诸看人云："某乍到京国，未获参拜。所有高手在此，致此小术不行，且望纵之，某当拜为师傅！"言讫，叱其小儿，不起。俄而巡吏执之，言："汝杀人，须赴公府！"其人曰："千万人中，某一难逃窜。然某更有异术，请且观之，就法亦不晚。"乃于一函内取一瓜子，以刀划开臂上，陷瓜子于其中。仍设法起其儿子无效。斯须露其臂，已生一小甜瓜子在臂上。乃曰："某不欲杀人，愿高手放斯小儿起，实为幸矣！"复叱之，不兴。其人嗟叹曰："不免杀人也！"以刀削其甜瓜落，喝一声，小儿乃起如故。众中有一僧，头堕地。乃收拾戏具，并小儿入布囊中，结于背上。仰面吐气一道，如匹练上冲空中，忽引手攀缘而上，丈余而没，遂失所在。其僧竟身首异处焉。

这说明这类幻术剧在861—874年南唐时期已有雏形，到了宋代与"梅山七圣"斩妖法相结合有了新的发展。七圣法在元代的流传情况不详，但罗贯中写杜七圣的幻术表演如此细致生动，这说明元代大约仍然盛演于世。经过《三遂平妖传》的渲染传播，更扩大了它的影响。

七圣法在明代，仍有演出者，明谢肇淛《五杂俎》中记载了这个节目：

> 相传嘉、隆间有幻戏者，将小儿断头，作法讫，呼之即起。有游僧过，见而哂之。俄而儿呼不起，如是再三，其人即四方礼拜，恳求高手放儿重生，便当踵门求教，数四不应，儿已僵矣。其人乃撮土为坎，种葫芦子其中，少顷生蔓，结小葫芦，又仍前礼拜哀鸣，终不应。其人长吁曰："不免动手也！"持刀砍下葫芦，众中有僧，头欻然落地，其小儿应时起如常。

清代民间演出"大卸八块"

嘉靖、隆庆已是明代中晚期之间，谢肇淛《五杂俎》的记载，与《平妖传》基本相同。谢肇淛，福建长乐人，万历壬辰（1592 年）进士，《五杂俎》今存万历刻本。事实上，这个节目直至清代仍然流行，称为"杀孩不死"，可见于清唐再丰《鹅幻汇编》一书。近代常演的"大卸八块"是此节目的变种，已经除去了道术的色彩。

宋代是民间幻术职业化发展的重要阶段，为元明清幻术的传承奠定了基础，此后近千年幻术的作艺方式基本沿袭宋代模式。

第七章　元明清幻术流落江湖

元明清幻术沿袭宋代模式，主流在民间。历代幻术杂技艺人往往参与农民起义，甚至成为义军首领，宋元以来尤甚，以致成为统治者防范打击的对象而流落江湖。元蒙贵族入主中原后，为稳固其统治，在文化方面出台了一系列管制"禁令"，《元史·刑法志》规定：

> 诸民间子弟，不务生业，辄于城市坊镇，演唱词话，教习杂戏，聚众淫谑，并禁治之。诸弄禽蛇、傀儡、藏撅（掖）撇钹、倒花钱、击鱼鼓，惑人集众，以卖伪药者，禁之，违者重罪之。

可见与幻术相关的"弄禽蛇、傀儡、藏撅（掖）撇钹、倒花钱、击鱼鼓"等许多项目都属禁演之列。元代宫廷教坊规模很小仅150人而包罗乐舞百戏，统治者认可的少数幻术、杂技也生存在其中，称为"耍把戏"，用于佛事活动和宫廷娱乐。比如《马可·波罗游记》中就记

元代文武戏法班流浪江湖，
手持连环的幻术师是领队

载了他在元朝皇室娱乐活动中看过杂技幻术表演，《马可·波罗游记》中唯一的一幅描绘文娱表演的插图，就是有关幻术"爬绳通天"的画面。明清两代称幻术为"耍把戏""变戏法"或"文武戏法"。幻术艺人生存在社会底层，偶尔应召到宫廷表演。明代逢年过节也有幻术表演，明宫元宵景图中幻术表演被安排在显著位置。清代宫廷庆典、农耕仪式中亦有幻术穿插。这个时期的幻术虽然不受重视，甚至遭遇责难打击，但由于它深深扎根于民间，不仅流传下来，而且在节目上技艺上仍有所发展。

一、以道路为家的撂地生涯

明清统治者，悸于农民起义队伍中多有幻术艺人，对辗转流浪的杂技、幻术班子防范甚严。这迫使幻术艺人陷入行动诡秘的江湖生涯。他们创造了外人听不懂的行话，称为"春典"，定下"宁给一锭金，不给一句春"的规矩，共同来保护赖以生存的幻术秘密。他们跋涉于江湖撂地卖艺。在茶楼、酒肆、庙宇甚至街边路旁（招徕观众）变戏法，这样的作艺方式，被称为"撂地"。"撂地"演出的节目一般是传统的古典戏法。单人撂地表演，内行称为"单包李子"。平日他们分散于城镇乡间，练艺乞钱，每逢集市、节日、佛会，则涌向游人聚集的地方。有会必有艺，已成为某些地区集会的习俗。比如杭州，每年踏青之时，苏堤上红桃盛开，在六桥烟柳之间挤满了"走索""骠骑""吞刀""吐火""跃圈""筋斗""舞盘"等技艺表演。欢声笑语此起彼伏，稀奇表演层出不穷。明朝末年刘侗、于奕正合著的《帝京景物略·高梁桥》比较详细地记述了艺人们在高梁桥撂地作场的状况。

　　岁清明，桃柳当候，岸草遍矣。都人踏青高梁桥，舆者则褰，骑者则驰，蹇驱徒步，既有挈携，至则棚席幕青，毡地藉草，骄妓勤优，和剧争巧。厥有扒竿、觔斗、倒喇、筒子、马弹解数、烟火水嬉……筒子者，三筒在案，诸物械藏，示以空空，发藏满案，有鸽飞，有猴跃焉。已复藏于空，捷耳，非幻也。解数者，马之解二十有四，弹之解二十有四……烟火者，鱼、鳖、兔、鹭形焉，燃而没且出于溪，屡出则爆，中乃其儿雏，众散，亦没且出，烟焰满溪也。是日游人以万计，簇地三四里。浴佛、重午游也，亦如之。

在踏青演出中幻术是主打项目之一。既有"筒子"之类的中型幻术，又有大型壮观的"烟火戏"。清代中叶摆地艺人多活动于游人来往之处，如北京天桥、杭州西湖、苏州玄庙观、南京夫子庙等处。

"摆地"还有一种方式是"磨干"。多为一家一户，或三五成群，四处赶集。他们常在农村收割庄稼之后，在打谷场空处，敲锣聚众，以换钱粮。与宋代"村落百戏"拖儿带女，全家出力的情况相同，被称为"磨干"。他们"以道路为家，以戏为田""携其妇与妇之娣姒、兄之子、提抱之婴儿，糊口于四方"。

还有组班跑码头。水陆码头，交通方便，人口集中。艺人们便临时组成一种不固定的班子，长年累月，来往于各码头之间。他们在前一码头演出时，已派人到下一码头接洽安排，这称为"打码头"。这种班子往往发展很快，且能连跨数省。据说明末农民起义军红娘子的队伍就是这样发展起来的。在"摆地""磨干""跑码头"的生涯中，涌现出不少幻术高手。清末著名的幻术家韩秉谦、快手刘、朱连奎等，均出自摆地艺人。在这一时期也涌现出了一批优秀幻术节目，比如前面提到的"筒子"。

筒子与罗圈

"筒子"是明代首见记载的重要幻术节目。"筒子"也称"罗圈""罩子"（甑子）。这是因为筒子道具类似煮饭罗圈，有的地区称之为甑子或罩子。表演者从空空如也的筒中变出各种物品。明代以来出现了多种多样的罗圈幻术节目。

罗圈献彩

《罗圈献彩》常在宫廷贵府演出，它的表演方式正如《帝京景物略》中记载：筒子者，三筒在案，诸物械藏，示以空空，发藏满案，有鸽飞，有猴跃焉。已复藏于空。将三个筒子置于桌上，三个筒子互相可以套合，首先交代三个筒子都是空的，随后却能从每个筒子里分别变出鸽子、猴子等物，摆满了一桌子，鸽飞猴跃，热闹非常。最后，还能将这些活物和所有东西逐一放回筒子里，再次查看时，三个筒子却都是空的。这确乎令人百思不得其解。

《元宵景图》（局部） 明宪宗观看幻术罗圈献彩表演

这类幻术不仅有文字记载，还可从明宫《元宵景图》中看到它的表演实况。《元宵景图》又称《宪宗行乐图》，真实地描绘了元宵时节，明宪宗在宫中庭院观看百戏表演的情景，长卷上描绘了众多的表演节目，排在第一位的就是"罗圈献彩"。

行乐图中的"罗圈"是采用两个筒子，上面加盖方巾的表演形式，与今天的"罗圈献彩"相似。变出的彩品是美酒菜肴。它是明清时期最为流行的中型幻术项目。它既适合在堂会表演，也适合撂地作艺。

这种使物品来去无踪的技艺，俗称搬运法，宋代的文献中已将其列为专项，称为藏掖之术，是传统幻术中的一个重要门类。但宋时尚无筒子的记载。明清时期这个节目得以发展，可能与流浪作艺有关。演出环境决定了它的技法要四面可以围观，表演与准备都要在众目睽睽之下完成。这使得节目在设计上难度更大，更巧妙。

《聊斋志异》插图：戏术——万米归仓

桶戏变米

清代《桶戏》，也是以筒子为基础，但在节目设计和变出的彩品上又有不同特色。《桶戏》又称《万米归仓》。蒲松龄在《聊斋志异·戏术》中对其有精彩的描述：

> 有桶戏者，桶可容升，无底中空，亦如俗戏。戏人以二席置街上，持一升入桶中，旋出，即有白米满升，倾注席上。又取，又倾，顷刻两席皆满。然后一一量入，毕而举之，犹空桶。奇在多也。

这一幻术在《清稗类钞》中也有记载，标题为《桶戏之幻术》：

> 康熙时，有作桶戏于山东淄川之市者。桶可容升，无底而中空，术人以二席置于街，持一升入桶，旋出，即有白米满升，倾注席上。又取，又倾，顷刻两席皆满，然后一一量入，毕而举之，犹空桶也。

两文大同小异，都是讲述幻术师在街边铺了两张席子，把两只无底无盖的空桶放在席子上，拿一个量米的升子到桶中一舀，竟然舀出满满一升白米，接着源源不断地舀出大量白米，顷刻倒满了两张席子，总量数倍于筒子的容量。最后又将这些米倒回筒中变走。《聊斋志异·戏术》中有木刻插图一幅，上有题画诗一首：

脱然桶底见神通，白粲量来竟不穷，倘使贫家传
此法，无须更叹饭箩空。

诗意由欣赏精彩的幻术而联想到了人情世事。

一席全飞

"一席全飞"是筒子的另一种表演形式。幻术师可以从空筒中搬
来一桌酒席。他首先从筒子中拿出杯碟碗筷，再拿出一盘盘的菜肴，
甚至包括盛有汤水的大碗，再有糖果，最后还能变出一坛白酒。当再
用筒子去罩酒坛时，竟罩不下去，酒坛是从筒中变出来的，似乎比筒

搬运法"一席全飞"罗圈献彩

子还要大，幻术师在筒内挤压多时，忽然筒子落了下去，将酒坛罩住了，再拿起筒子，酒坛已不见了，神奇的搬运法令观众目瞪口呆。

罗圈当当

"罗圈当当"是罗圈幻术的又一种表演形式。艺人在观众围观的"撂地"情况下演出。表演时，把两只空筒反复抽套分合交代，都是空空如也，没有夹带藏掖，可伸手从套筒中一捞，便有青菜、萝卜之类蔬菜瓜果随手可得。然后向观众借一件衣服塞进筒中，变出一坛美酒来请大家喝，待品尝过美酒之后再度把罗圈罩上，戏法似乎到此就圆满结束了。可突然发现被借走衣服的观众还在等着还衣服，表演者忙说"对不起、对不起"，从罗圈中取出一张当票说："这坛酒是我刚才把衣服送到当铺典当之后买来的，要把衣服取回来就得用钱去赎，请大家帮个钱场，施舍一些吧。"接下来端着锣四面讨钱，然后把钱扔进罗圈，取出衣服奉还观众。调侃式的表演，幽默油然而生。这个节目名为"罗圈当当"，是旧时百姓穷困生活的写照，是"撂地"艺人常常采用的表演方式。

仅仅两个无底的空筒，表演方法如此丰富，构思如此巧妙，令人惊叹。这套节目曾传到日本，又从日本传到欧美，致使许多欧美幻术师以为它是一套日本幻术。其实"筒子"在中国历史悠久。笔者1979年在辽阳曾见一老戏法艺人，用"筒子"表演"种瓜"，使笔者联想起《史记·大宛传》中记载的"植瓜"。笔者所见到的表演现象，是把瓜子埋在地里，用"筒子"罩上，筒上盖铜锣，浇水念咒，然后瓜子发芽抽秧，最后缓缓结出数条小小的黄瓜。它是"筒子"的另一种表演形式，大抵与汉代的植瓜相近，"筒子"显然是一套传统幻术，到了明清时代，已积累了多种表演样式，如"桶戏变米""一席全飞""罗圈当当""罩子搬运""罗圈变人"等，是中型幻术中的经典节目，有极高的研究价值。从不同的罗圈节目中可以看到幻术来自生活，以它独有的方式反映百姓的愿望。

蒲松龄笔下的《偷桃》

在众多描述明清幻术艺人"磨干"生涯的作品中，蒲松龄笔下的《偷桃》是最为精彩的一篇。蒲松龄（1640—1715 年）生活在明末清初，他的名著《聊斋志异》集纳了这一时期众多的奇闻逸事，"偷桃"即是其中之一。《聊斋志异·偷桃》：

童时赴郡试，值春节。旧例，先一日，各行商贾，彩楼鼓吹赴藩司，名曰"演春"。余从友人戏瞩。

是日游人如堵。堂上四官皆赤衣，东西相向坐，时方稚，亦不解其何官，但闻人语哜嘈，鼓吹聒耳。忽有一人率披发童，荷担而上，似有所白；万声汹涌，亦不闻其为何语，但视堂上作笑声。即有青衣人大声命作剧。其人应命方兴，问："作何剧？"堂上相顾数语，吏下宣问所长。答言："能颠倒生物。"吏以白官。小顷复下，命取桃子。

术人应诺，解衣覆笥上，故作怨状，曰："官长殊不了了！坚冰未解，安所得桃？不取，又恐为南面者怒，奈何！"其子曰："父已诺之，又焉辞？"术人惆怅良久，乃曰："我筹之烂熟：春初雪积，人间何处可觅？惟王母园中四时常不凋谢，或有之。必窃之天上乃可。"子曰："嘻！天可阶而升乎？"曰："有术在。"乃启笥，出绳一团约数十丈，理其端，望空中掷去；绳即悬立空际，若有物以挂之。未几愈掷愈高，渺入云中，手中绳亦尽。乃呼子曰："儿来！余老惫，体重拙，不能行，得汝一往。"遂以绳授子，曰："持此可登。"子受绳有难色，怨曰："阿翁亦大愦愦！如此一线之绳，欲我附之以登万仞之高天，倘中道断绝，骸骨何存矣！"父又强鸣拍之，曰："我已失口，追悔无及，烦儿一行。倘窃得来，必有百金赏，当为儿娶一美妇。"子乃持索，盘旋而上，手移足随，如蛛趁丝，渐入云霄，不可复见。久之，坠一桃如碗大。术人喜，持献公堂。堂上传示良久，亦不知其真伪。

忽而绳落地上，术人惊曰："殆矣！上有人断吾绳，儿将焉托！"移时一物坠，视之，其子首也。捧而泣曰："是必偷桃为监者所觉。吾儿休矣！"又移时，一足落；无何，肢体纷坠，无复存者。术人大悲，一一拾置笥中而阖之，曰："老夫止此儿，日从我南北游。今承严命，不意罹此奇惨！当负去瘗之。"乃升堂而跪，曰："为桃故，杀吾子矣！如怜小人而助之葬，当结草以图报耳。"坐官骇诧，各有赐金。

术人受而缠诸腰，乃扣笥而呼曰："八八儿，不出谢赏将何待？"忽一蓬头童首抵笥盖而出，望北稽首，则其子也。以其术奇，故至今犹记之。后闻白莲教能为此术，意此其苗裔耶？

这一幻术在《清稗类钞》中也有记载，标题为《偷桃之幻术》：

淄川蒲留仙尝于童时赴郡，值立春，旧例先一日，各行商贾以彩楼鼓吹赴藩司，曰演春，留仙往观之。是日，观者如堵，堂上四官皆赤衣，东西相向坐。留仙时方稚，不解其何官，但闻人语哜嘈，鼓吹聒耳。忽有一人率披发童荷担而上，似有所白，万声汹动，亦不闻为何语，但闻堂上作笑声，即有青衣人大声命作剧。其人应命方兴，问作何剧。堂上相顾数语，吏下，宣问所长，答言能颠倒生物，吏以白官。少顷，复下，命取桃子……

以下与聊斋偷桃所述相同。两者都是说蒲松龄少年时到府城考试，时逢演春，看到戏法艺人在官府堂前作艺。

韩国李朝末期学者朴趾源的《热河日记》也描述了清代观众争看偷桃的情景：

朝日过"光被四表"牌楼，楼下万人簇围，市笑

动地。蓦然见斗死横道者，蔽扇促步而过。从者后，
俄而追呼："有怪事可观！"余遽问："谓何？"从
者曰："有人偷桃天上，为守者所击，塌然落地。"余
叱为怪骇，不顾而去。

看起来这是一个时常上演的幻术。

千年磨一术

偷桃是一个延续千年的节目。在隋唐幻术一节中，我们曾谈及嘉
兴绳技的"立绳遁人"，看过敦煌壁画中的"爬绳上天"，提到西方
人在印度考察无果后对这一节目的否认，但是在中国，这一节目历代
均有存在的痕迹。北宋笔记杂录中，学者王铚所撰《默记》记载：

晏元献罢相守颍州。一日，有岐路人献杂手艺者，
作踏索之伎。已而掷索向空，索植立，遂缘索而上，
快若风雨，遂飞空而去，不知所在。公大骇莫测。

元代，有外国人记载了这一节目。《马可·波罗游记》一书在记述忽
必烈庆祝白色节（元旦）时有一幅插图，描绘了"中国绳术"的三
个情节：（1）抛长绳竖立于空；（2）小孩爬绳登天；（3）被肢解，
肢体散落下来。旁边还设有一只箩筐，大概是用来复原肢解儿童的
道具。

有学者认为这幅插图是后来编纂《马可·波罗游记》者收入的，
那么还有文字记载，阿拉伯旅行家伊本·拔图塔（白图泰）曾在元

《马可·波罗游记》插图

代中期到达中国，所写《伊本·白图泰游记》中记载了他在元顺帝至正八年（1348 年）杭州旅行时，在总督府里看到的一种神奇幻术：

　　当天夜里，一位幻术师来了，他也是可汗的奴隶。长官吩咐他说："让我们看看你的拿手好戏吧！"幻术师拿出一个木球，球上有一洞眼，上面系着长绳，他把木球向空中一抛，球便扶摇直上，直至消失。这时天气炎热，我们都坐在大厅里。见他手里的绳子所剩不多时，幻术师让他的徒弟缘绳而上，他爬着爬着也不见了，连喊他三声都未答应。他便气狠狠地抄起一把刀子，顺绳而上，他也看不见了。一会儿见他把那孩子的一只手丢在地上，一会儿又丢下来一只脚，不久又丢下来另一只手，不久又丢下来另一只脚，又丢下他身体，最后丢下他的头。不一会儿他气喘吁吁满身血污凌空而降，翻身拜倒在长官的面前，口里说了一些中国话。这时长官吩咐赏他一点东西。他把孩子的肢体捡拾到一起，拼凑好，只见他用脚一踢，那孩子便毫发无损腾地站起。我见此大惊失色，心跳不止。正如我在德里（印度）素丹面前所见到的那样，直至他们给我喝了药才好了。这时法官赫伦丁在我身边说："哪里有什么腾空、落地的解体，只不过是戏法而已。"

看来这个幻术节目在元代不仅存在，还进入了王宫贵府演出。

明代，这一节目也多有记载。冯梦龙《古今谭概——戏术》有《方朔偷桃法》。

以小梯植于手中一小儿腾之而上，更以梯累承之，儿深入云表，人不能见。顷之，摘桃掷下，鲜硕异常，最后儿不返。忽空中有血数点坠下，术者哭曰："吾儿为天狗所杀矣。"顷之，头足零星而坠，术者悲益甚，乞施棺殓之资。众厚给之，乃收泪荷担而去。至明日，此小儿复在前市摘桃矣。

宋懋澄《九籥集·蟠桃宴》、钱希言《狯园》有"偷桃小儿"：

宏正中，杭双溪公为广东左布政，生辰宴客，大会官僚于广州藩司。声乐异陈，歌舞递出。忽有幻人诣门，挈一数岁小儿求见，口称来献蟠桃。时冬月凝寒，索一大青瓷盘，捧出仙桃两颗为寿，仙鲜异于人间。项公曰："桃何来？"曰："此西王母桃也，适命小儿诣瑶池取之。"公曰："我今日会客最盛，凡十有二席，能为我更取十枚，各尝之，可乎？"对曰："上清北斗门下有恶犬，狰狞可畏，往往欲杀此儿，甚不易得也。"公强之再三，乞重赏，乃许之。命小儿抱木棍，长二尺许者十数根，一根之上信手递接，儿缘木直上，登绝顶，冉冉动摇，观者怖恐。幻人吹气一口，须臾木顶生云，小儿竦身，乘之而上，已而渐入云中，数忽不见。顷之，掷下簪子、鞋、扇等物。幻人高叫速取仙桃，为相公上寿。又顷之，见蟠桃坠下，正得十颗在地，连枝带叶，颜色鲜美。公得而分遗遍席，僚寀无不惊嗟。幻人仰望云端良久，小儿不下。忽闻犬吠云中，猖狫之声若沸。幻人顿足大恸，曰："吾儿饱天狗之腹矣。"言未毕，果见小儿手足，零星自空下，断肢残骸，殷血淋漓，最后落小儿首于地上。其人复大恸，恸毕，强举肢体钉辍，提其首安之。初无痕迹，复乞重赏。诸僚且愕且怜，厚出金帛以酬之，各赠已逾百金。幻人得金，便取儿尸，急收入布囊中，负于背而去。明日有人于市，更见此偷桃小儿，知其术所为矣。

清康熙九年（1670 年），荷兰人梅尔敦（Edward Melton）在巴达维亚（爪哇岛首府）看见华人表演此幻术，他不但做了详细的记述，还绘制了插图。梅尔敦写道：

现在我要讲一件事。这件事超越了所有人能相信的范围。倘若不是我亲眼看到，同时有数千人目睹，我几乎不敢在这里冒险讲述它。魔术团的一个演员拿出一个绳子缠成的绳球。他握住绳子的一端，将绳子的其余部分大力向空中扔去，使绳子的末端飞出了我们的目力所及。他旋即以难以形容的敏捷爬上了绳子，越爬越高，以至于我们再也看不到他了。我站在那里，彻底呆住了，想不出这究竟是怎么回事。看哪！一条腿突然从天空翻滚而下。魔术团的一个成员立即将其抓起并扔进了我前面说到过的篮子里面。片刻之后，一只手又从空中掉了下来，紧跟着的是另一条腿。咱们长话短说，一个身体的各个部位就这样从空中先后翻滚而下，并一并被扔进了篮子里。我们看到最后落下的是那人的头颅。它刚一着地，刚才捡起四肢和躯干并将其扔入篮中的人就将篮中所有的身体残块胡乱地一并倒在地上。此后，我们用我们的眼睛直直地看到所有这些身体残块再次蠕动到一起，简而言之，就是组成了一个完整的男人，他可以立刻像以前一样站立和行走，而且没有一点儿受过伤的迹象！我此生从未有我在观看这一精彩表演时所感受到的惊讶。

梅尔敦绘制了华人杂耍班在巴达维亚街头的神奇表演。这幅插图是华人文武戏法班在海外演出的生动写照。中间一组画的是偷桃幻术的三个主要环节（立绳、爬绳、肢解），节目所用道具箩筐、绳球、长剑都有细致描绘，服饰环境均具中国特色，左右两组配有爬杆和芯子表演（芯子亦称飘色、背阁，是一种高空悬浮的幻术），三组中国传统节目，相互协作、映衬，共同打造出神奇的幻术景象。这幅欧洲画家康熙九年的画作与康熙十八年（1679年）出版的《聊斋志异·偷桃》中的插图十分相似。

华人杂耍班的神奇表演　1670年梅尔敦绘

《聊斋志异·偷桃》插图与梅尔敦所绘华人杂耍班的神奇表演的对比

在表现爬绳登天时，均画了长绳、箩筐，如果不是亲眼所见无法描绘得如此具体。

"偷桃"的典故

偷桃用于爬绳上天自明代就有记载，其典故取自汉代人物东方朔《聊斋志异·偷桃》插图配有题词："此日官民作胜游，演春俗例旧传流，戏从天上阶升去，掷地仙桃曼倩偷。"登天偷桃来自东方朔偷桃的典故。《汉武故事》载：

> 东京送一短人，长七寸，衣冠具足。上疑其山精，常令其在案上行，召东方朔（字曼倩）问。朔至，呼

短人曰："巨灵，汝何忽叛来，阿母还未？"短人不对，
因指朔谓上曰："王母种桃，三千年一作子，此儿不良，已
三过偷之矣，故被谪来此。"上大惊，始知朔非世中人。

又有传说称：汉武帝寿辰之日，宫殿前一只青鸟从天而降，武帝不知
其名。东方朔回答说："此为西王母的坐骑'青鸾'，王母即将前来
为帝祝寿。"果然，顷刻间，西王母携七枚仙桃飘然而至。西王母除
自留两枚仙桃外，余五枚献与武帝。帝食后欲留核种植。西王母言：
"此桃三千年一生实，中原地薄，种之不生。"又指东方朔道："他
曾三次偷食我的仙桃。"据此，东方朔以长命一万八千岁被奉为寿星，
桃也成为长寿的象征。依托民间耳熟能详的传说，调动观众的想象力，
来增强节目的表现力，是中国幻术的表演特色。

江南的地摊幻术

李斗所著的《扬州画舫录》记录了位于大运河边的扬州瘦西湖畔
地摊上的幻术表演情景：

以巾覆地上，变化什物，谓之"撮戏法"；以大
盌水覆巾下令隐去，谓之"飞水"；置五红豆子掌上，
令其自去，谓之"摘豆"，以钱十枚呼之成五色谓
之"大变金钱"；取断臂小儿吹笙，工尺俱合，谓之"仙
人吹笙"。

这些精彩表演颇能吸引游客，看的人翘首引颈，围观者堵得像墙一般。

清嘉庆年间，无名氏所著《更岂有此理》一书中，有《嘲戏法》一篇，更详尽地记录了当时江南苏州一带演出幻术的情景，还添加了作者对幻术的理解。其文曰：

逢场作戏，秘传障目之方。见景生情，功演隐身之法。矜齿牙之便利，夸心手之玲珑。扇子随身，毡毯覆地，掩人耳目，扮就形容。半是江湖流落，习成浮荡生涯。元都观久已标名，搬运法这回喝彩。

剪双环之带，露尾藏头，变五色之钱，移花接木。玉臂传书，无半点可疑之形迹。金门对策，有两头巧合之机关。空杯遁于土中，鲜果藏于帕底。吞剑吞刀，半虚半实。飞钱飞水，如假如真。运四将推台之力，惊三仙归洞之奇。采豆去来之便，会者不难。传丹出入之神，熟能生巧。抬花间童子，翩跹雾鬓云裳。献灯下美人，隐约玉钗金粉。合双樽而盈盈酒泛，画四壁而袅袅烟生。八仙筹图绘精奇，暗藏花色。九莲灯辉煌照耀，本地风光。

画符念诀，不如彩袋之灵。曲带盘钩，所恃羊肠之巧。防未到之眼风，出其不意，试争先之手法，确有可观。从旁科诨之人，悦其耳而混其目。当局聪明之士，钝于口而慧于心。遂使顽童喜跃，老妪欢呼。遍地知名，尽人道好。逞游戏而半夺梨园之彩，高声

价而尤传清客之称。若使有心说破，不值半文，恐其
出丑当场，大家一笑。故曰黄金有假，戏法无真。

文中所叙述的是苏州玄都观等地的露天幻术表演。首先介绍了幻
术及其表演者的概貌。表演者作艺老道游刃有余，逢场作戏，见景生
情，矜齿牙之便利，夸心手之玲珑。扇子随身，红毯铺地，不光演小
型戏法，也演大一些的隐身术、搬运术。

随后又列举了许多节目。诸如剪带还原、大变金钱、土遁金杯、
云帕取果、吞剑吞刀、飞钱飞水、三星归洞、仙人摘豆、月下传丹、
隔夜修书等都是清代常演的典型节目。"剪双环之带"，系将一条长
带系成圆圈，再绕成双圈，用剪刀剪断，再行连接复原；"变五色
之钱"，系拿一吊铜钱，两面交代确实是铜钱，握于手中吹气，再
一一摆开时已成金钱，再收至手中吹气，再摆开时已变成红、绿、黄、
紫等不同颜色的彩钱；"空杯遁于土中"，即"土遁金杯"，业内称
"砸碗"，系将一只瓷碗盖于布下，用杖击碎，打开布时连瓷碗的碎
片也踪影全无；"果藏帕底"，即"云帕取果"，是用一块方巾变来
许多难以携带的散装干果；"吞剑吞刀"，为将长形金属物插入人的
口腹；"飞钱飞水"，系当众将铜钱及杯中之水变走；"三星归洞"，
系将三个布包放在倒扣的瓷碗下，让它们随指令进出，离散团圆；"采
豆去来"又称"仙人摘豆"，表演者将五粒豆子放在倒扣的瓷碗下，
让它们来去无踪；"传丹出入"又称"月下传丹"，即吐纳之术，将
中型圆球握于双手，令其忽隐忽现，左右传动，吞吐自如；"玉臂传
书""金门对策"是猜测术，前者是观众书写的字句，在另一位女士

的手臂上出现；后者即未卜先知"隔夜修书"之类；"四将推台"很可能是"四童转桌"，表演者将桌子倒置于水盆上，令四人各按一脚，通过意念桌子竟自旋转不停；"双杯取酒""壁酒生烟""九莲宝灯"，即"合双樽而酒泛"、"画四壁而烟生"和"九莲灯"，虽然不是常见的完整节目，但也是可能做到的幻术表演，偶见于今日其他成套表演中。唯有"花间童子""灯下美人""八仙筹图"，由于命名宽泛，而难以联系具体的表演节目。

最后一段作者分析了幻术表演的要素和实质。对于这些节目的神奇表现，主要是由于演出者的技艺和巧妙的道具所致。画符念咒不过是表演现象虚晃一招，其秘密还在彩袋之灵，即巧妙复杂的道具结构，曲带盘钩才是促成变化的关键；表演者（**业内称使活的**）与助演（**业内称量活的**）相互配合而声东击西、转移观者注意力，在悦其耳而混其目的轻松气氛下做出精彩表演；能使得"顽童喜跃""老妪欢呼"，幻术表演"可夺"当时最红的"梨园之彩"，充分说明这些幻术的精妙有趣。"黄金有假，戏法无真。"一句话点明了幻术的实质，它不是魔法神通，仅是艺术表演。《嘲戏法》的作者虽然没有留下姓名，却是一位对幻术有深入研究的内行。

二、"堂会"与"堂彩"

明清幻术演出除"撂地"之外，还有"厅堂"和"行香走会"两种形式。"厅堂"幻术主要是"上堂会"及"上杂耍馆"。"上堂会"即逢达官显贵之家生辰、喜庆大办筵席之时，邀幻术艺人去表演。另外，清代末期，北京出现过一种类似茶楼的"杂耍馆子"，艺人经常去那里卖艺。"厅堂"幻术虽兴盛于清，但却起源于宋。这类节目，即宋代的"藏掖"类幻术。艺人身上藏有大碗大盆，不宜做近距离表演，必须在主人厅堂内占据一角才便于施行。宋人笔记提到的幻术师赵喜、姚润等在宋理宗面前表演的"寿果放生""永团圆"等均属此类节目。

明代的幻术堂会

明末清初无名氏小说《梼杌闲评》（明珠缘）描写了明清之际河北肃宁县一个家庭班子到山东临清地方上堂会的情景。《梼杌闲评》第二回：

> 朱公置酒于天妃宫，请徐、李二钦差看春。知州又具春花、春酒并迎春社火，俱到宫里呈献。平台约有四十余座，戏子有五十余班，妓女百十名，连诸般杂戏，俱具大红手本。巡捕官逐名点进，唱的唱，吹的吹，十分闹热……那男子上来叩了头，在阶下用十三张桌子，一张张叠起。然后从地下打一路飞脚，翻了几个筋斗，从桌脚上一层层翻将上去，到绝顶上跳舞。一回将头顶住桌脚，直壁壁将两脚竖起。又将两脚钩住桌脚，头垂向下，两手撒开乱舞。又将两手按在桌沿上，团团走过一遍。看的人无不骇然，他却猛从桌子中间空里一一钻过来，一些不碍手脚，且疾如飞鸟。

　　下来收去桌子，只用一张，那妇人走上去，仰卧在上，将两脚竖起，将白花绸裙分开，露出潞绸大红裙子，脚上穿着白绫洒花膝衣，玄色丝带，大红满帮花平底鞋，只好三寸大，宛如两钩新月，甚是可爱。那男子将一条朱红竿子，上横一短竿，直竖在妇人脚心里。小孩子爬上竿上去，骑在横的短竿上跳舞。妇人将左脚上竿子移到右脚，复又将右脚移到左竿子，也绝不得倒。那孩子也不怕，舞弄了一会儿，孩子跳下来，妇人也下桌子。

　　那男子又取了一把红箸，用索子扣了两头，就如梯子一样。那妇人拿一面小锣"当当"地敲了数下，不知口里念些什么，将那把红箸望空一抛，直竖着半空中。那孩子一层层爬上去，将到顶，立住脚，两手左支右舞。妇人道："你可上天去取梅花来，奉各位大老爷讨赏。"那孩子爬到尽头，手中捻诀，向空画符。妇人在下敲着锣，唱了一会儿，只见那孩子在上作折花之状。少顷，见空中三枝梅花应手而落，却是一红二白。那孩子一层层走下，到半中间，一路筋斗从箸子空中钻翻而下。妇人拾起梅花来，上堂叩头，献上三位大人面前，遂取金杯奉酒。三公大喜。李公问道："今日迎春，南方才得有梅花，北方尚早，你却从何处来？"妇人只掩口而笑，不敢答应……朱公问道："你是哪里人？姓什么？"妇人跪下禀道："小妇姓侯，丈夫姓魏，肃宁县人。"朱公道："你还有什么戏法？"妇人道："还

有刀山、吞火、走马灯戏。"朱公道："别的戏不做罢，
且看戏。你们奉酒，晚间做几出灯戏来看。"传巡捕
官上来道："各色社火俱着退去，各赏新历钱钞，惟留
昆腔戏子一班，四名妓女承应，并留侯氏晚间做灯戏。"
巡捕答应去了。

从幻术的角度分析后面提及的节目是幻术师可以做到的。由红箸
化为绳梯，并且能直竖在半空中，在空中画符念咒之后变出三枝梅花，
与立绳通天偷桃幻术有异曲同工之妙，技法是相通的。

晚上表演"灯戏"亦有幻术色彩：

　　那男子取过一张桌子，对着席前，放上一个白纸
棚子，点起两支画烛。妇人取过一个小篾箱子，拿出
些纸人来，都是纸骨子剪成的人物，糊上各样颜色纱
绢，手脚皆活动一般，也有别趣。手下人并戏子都挤
来看……直做至更深，戏才完。

"灯戏"就是纸影戏，一个个活动的小影人，往往也被视为幻术。影
人用纸骨子剪成，糊上彩绢，用蜡烛投影在白纸棚子上表演，演出在
夜里进行。似乎当时当地影戏演出不是很普遍，所以人们才像看稀罕
一样挤着看灯戏。

《梼杌闲评》的这段故事，是对明代民间艺人上堂会的真实写照。
上堂会有时仅一场节目，有时要演一整天，大户人家甚至要演三天三

夜，这种情况下演出班子就得审时度势上演各种文武戏法。幻术作为压台戏，是整场表演的高潮所在。可见那时的文武戏法班主打节目是幻术。

清代堂彩的发展

清代专营"厅堂"幻术的艺人们在街头闹市、茶楼酒馆，悬挂"堂彩"招牌，张贴红绿招子，承接业务。表演的都是与红白喜事相关的节目，变的都是讨主人欢心的寿桃、花糕，说的全是主人爱听的吉利口彩。北方的蒋德成、张宝清、罗文涛师徒三代，以及名震西南的四川成都戏法艺人高松亭，均在堂彩中久享盛名。

高松亭，人称"高把戏"，专接堂会。他的"寿桃放生""土遁鱼缸""二玉"等戏法，曾经轰动一时。"土遁鱼缸"，一般在办堂会的人家台阶上表演，先将卧单披在身上，一个"凤凰展翅"招式，变来一个盛满水鱼的玻璃鱼缸。他将鱼缸迅速地作圆圈式摇动，并作"犀牛望月""苏秦背剑"等姿势，直至缸底朝天，缸口倾地，那水鱼却无半点溢洒。然后，他将鱼缸放在八仙桌上，用布毯包裹后仍拿在手中，戏耍不止。突然一个"铁牛掘地"动作，将鱼缸抛至数步之外的石阶之下，"哐"的一声，布内鱼缸似已破碎，高松亭走上前抖开布毯，鱼缸、水鱼，踪迹俱无。他的"寿桃放生"技艺更为超绝：在为人祝寿的筵宴上，变来一盘熟透的鲜桃，宾客遍尝。随后他将一个桃子递给一位七八岁的小孩，那孩子接过桃子一看，却是一只大青蛙。小孩受惊，连忙弃之于地，那青蛙乱蹦乱跳，举座皆欢笑不止。这时，高松亭赶忙过去，双手逮住青蛙却已变成一长串点燃的鞭炮，

"噼噼啪啪"喧闹满堂，一派庆寿的气氛。艺人通过辛勤的劳动，练就了熟练的手法，创造出人间的奇迹，把堂彩艺术推向新的高度。

纪昀笔下的"厅堂"幻术

幻术师们为适应厅堂表演创作了许多优秀节目。清代乾隆年间的著名学者、《四库全书》的总纂官纪昀，在他所著的《阅微草堂笔记》中，记录了他童年亲眼看到的"厅堂"幻术表演：

> 戏术皆手法捷耳。然亦实有搬运术。忆小时在外祖雪峰先生家，一术士置杯酒于案，举掌扪之，杯陷入案中，口与案平，然扪案不见杯底。少选取出，案如故。此或障目法也。又举鱼脍一巨碗，抛掷空中不见，令其取回，则曰：不能矣。在书室画厨夹屉中，公等自取耳。时以宾从杂沓，书室多古器，已严扃。且夹屉高仅二寸，碗高三四寸许，断不可入。疑其妄，姑呼钥启视，则碗置案上，换贮佛手五。原贮佛手之盘，乃换贮鱼脍，藏夹屉中，是非搬运术乎？理所必无，事所或有，类如此。

纪晓岚回忆小时候，在外祖父雪峰先生家里，看到过一位术士表演。他把杯子放在桌上，举手一拍，那杯子就陷入桌面中去了。然而看桌子下面又不见杯底，一会儿他又把杯子从桌内取出，桌面一点也没有损坏的痕迹，这或许就是"障目法"吧。更精彩的表演是遁鱼。

西欧画家笔下的"厅堂"戏法表演

他举起一大碗刚烹制熟的脍鱼，抛向空中，大碗和鱼都不见了，大家要求变回来，他说："不能够了，鱼已变到你家书房内画橱的抽屉中了，请你们自己去取吧。"当时宾客很多，来往人员甚杂，因为书房内多藏有名贵的古董，所以房门早已上了锁，况且画橱的抽屉仅高二寸，而大碗要高三四寸，也放不进去啊！当时大家都不信，怀疑他妄说骗人，取了钥匙打开书房门一看，只见盛鱼的碗放在桌上，内中换上了五个佛手果，打开抽屉，原来桌上盛佛手的盘已装上了鱼，安放其中！这是搬运法吗？按道理来讲是没有的，但是事实表明或许真有搬运法。这让知识渊博的纪先生也琢磨不透。这个极为复杂的幻术表演给人们留下了深刻的印象。它的表演难度在于，要在极短的时间内，完成遁鱼、传递给助手、开锁换盘等一系列动作，这些都要在极其迅速而又不露痕迹的情况下进行。幻术师除了手法熟练外，还得事先周密设计，临场审时度势，以及助手密切配合，等等。这类幻术的出现，标志着清代"厅堂"幻术的成熟，幻术创作思想深度更进了一步。

清代的寿宴堂会

清代邗上蒙人的纪实性小说《风月梦》描述了扬州民俗生活。其中第十三回"贺端阳陆书看龙舟　庆生辰月香开寿宴"，详细地描写了一个戏法班子做寿宴堂会的全过程。

> 正在闲谈，只见那玩杂耍的八九人总带着红缨凉篷，穿着袍套上楼道喜。吴珍问他们吃什么点心，那些人道："在下买卖街抱山茶馆吃过。"要了四百钱去会茶钱，就在楼上中一间，将一张方桌移放中央，铺了红毡。有两个玩杂耍人，捧了一个小漆茶盘，上盖绸袱，放在红毡上。那个人站近方桌，说了几句庆寿吉利话，将细袱揭起，里面盖的是个坎着的细磁茶碗。
>
> 那人用二指捻着碗底，提起又放在茶盘内，将左右手交代过了，将茶碗提起，里面是一个金顶子。又将茶碗将金顶盖起，又说了几句闲话，将茶碗提起，那金顶又变了一个车渠顶子。复将茶碗一盖，又复提起，那车渠顶变了一个水晶顶。仍用茶碗盖起，那水晶顶又变了一个蓝顶子。又用茶碗盖起，又变了一个大红顶子。说道："这叫做步步高升。"又将大红顶用茶碗盖起，又说了许多话，将茶碗提起，那大红顶变做一

211

颗黄金印，说道："这叫做六国封赠，将军挂印。"将茶碗仍用细袱盖起，收了过去。站在旁边那人走至中间，又玩了一回仙人摘豆，又是什么张公接带。玩毕，将方桌搬过半边。

又换了两个人上来，手里拿着一红毡，站在中间，两人斗了许多趣话。那一人将两手、两腿、胸前、臀后拍着，交代过了。那人将红毡递了过来。翻来覆去，将红毡又交代过了，望左边肩上一披，往楼板上一铺，中间撮高了起来，又说是吹气了，画符了。将红毡一揭，里面是一大盘寿桃馒首，一大盘花糕，代寿星上寿。陆书代月香赏了两块洋钱。那两人复将红毡拿起，重新交代一番，望下一铺，又变出一大碗水，里面还有两条活金鱼。众人喝彩……

晚间，先摆酒席与玩杂耍的众人先吃过了，后才摆酒款待众人。贾铭们猜拳行令，那些玩杂耍的又变了许多灯彩戏法。还有一对玻璃高手照，里面点着蜡烛。又变了一个大玻璃金鱼缸并九大碗水。众人连声喝彩，总赏了票子。又唱了几出扇子戏，什么寿星上寿、张仙送子、跳财神、跳魁星、打连相、打花鼓，唱到和尚烧肉香，众人又赏了钱文钱票。扇子戏唱毕，陆书赏了他们八块洋钱。那些人谢过，收拾杂耍担子，挑着散去。

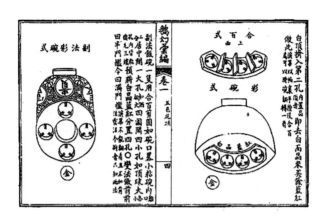

《鹅幻汇编》刊载五色顶珠制作方法

　　这个戏法班不过八九个演员，他们各有所长，有的精通小戏法，有的擅长手法幻术，有的则以堂彩取胜。白天在酒席间精通小戏法者表演彩法门幻术"步步高升""五色顶珠""红蓝金印"；擅长手法幻术者表演了"仙人栽豆""张公接带"等小戏法之后，又表演了一套藏掖幻术。"步步高升""五色顶珠""红蓝金印"都是清代才有的独特幻术，清代是以"顶子"的色彩质地来表现官员级别的，顶子由金顶变成车渠顶子，再变成水晶顶子，又变成蓝顶子，再变成大红顶子，继后那大红顶子又变作一颗黄金大印，这是祝愿主人升官发财，是富贵吉祥寓意的节目。《鹅幻汇编》中对此有详细记载，可见它既是清代特有的，又是清代常用的节目。最后是表演堂彩的幻术师出场，这才是点题之戏。这一段描写非常细致"又换了两个人上来，手里拿着一红毡，站在中间，两人斗了许多趣话。那一人将两手、两腿、胸前、臀后拍着，交代过了。那人将红毡递了过来。翻来覆去将红毡又交代过了，望左边肩上一披，往楼板上一铺，中间撮高了起来，又说是吹气了，画符了。将红毡一揭，里面是一大盘寿桃馒首，一大盘花糕，代寿星上寿"，这是祝寿堂会的主题幻术，马上得到主人的赏钱。日间虽然表演了许多幻术，观众还是意犹未尽，晚间摆酒款待众人时让戏法班再次表演。这次演出了搬运门幻术"灯彩戏法""十二连桥"和丝法门幻术"扇戏""寿星上寿""张仙送子""跳财神"等。看来这个戏法班实力雄厚，会的节目不少，一整天演下来，挣的钱也相当可观。

三、庙会走会中的幻术

庙会古代盛行于我国各地，人们为祈求丰年、消灾免难，常用歌舞百戏等形式敬神娱神。公元四五世纪，佛教在中国兴起，寺院的佛会日兴，各地寺院在佛会时组织艺人表演，使市民和小商贩云集，吸引民众。此后庙会逐渐与中国民间"社日"祭祀活动相结合，形成一种声势浩大的民俗活动，在保持祭祀活动的同时，融入更多集市交易活动、娱乐活动，亦有祈子、祈福求财、求医祛病、卜问吉凶等活动。明代的《燕都游览志》说："庙市者，以市于城西之都城隍庙而名也，西至庙，东至刑部街，约三里许，大略与灯市同。每月以初一、十五、二十五开市，较多灯市一日耳。"逛庙会成了人们生活中不可缺少的活动。到了清代，庙会分为"多内涵型庙会"与"迎神赛会"，前者在庙宇内外开展宗教祭拜和买卖、游乐活动，后者则是把神像抬出庙外巡行。

各种祭祀活动中大演杂技幻术的传统代代相传，至今杂技仍是这类活动的主角。1778年朝鲜使节李德懋记录过在庙会看幻术的观感。

入东岳庙，但见庙中开市，物货云秀，人众波荡（五月二十六日），观骗子戏。骗子者，即幻术人也。以长竿承大磁楪，回转之，疾如飙风，又掷而承之，旋旋不已，口中衔小月刀，刀上又置小月刀，以刃相接，无所坠仆，上刀之柄端竖楪，竿口弄刀柄，仰视旋楪，其精神凑会，如鸡伏卵，如猫捕鼠，目无一瞬，又口衔木龙扁之类四五种，其竖竿楪同焉。卓上置朱漆木桶……一人鸣锣，一人持桶，回示众人，以证其中空无物，因置桶于卓，覆以襆，手探一鸠，鸣跃而出，旋又置鸠于桶，覆以襆，揭襆视之，不知去处。又持白纸，裂如蝶翅，张口吞之，仍以手探口，纸皆完连，斜卷如抽蕉。又持桶回示如前，置卓覆襆，手探楪碗之属二十余器，皆盛菜果，罗列于卓。又覆红毡于庭，揭起，中有彩丝花盘，垂红袖一幅，两行书"层层见喜""早早高升"。奉盘回示，仍又覆毡，揭视无有。又覆毡，探出瓜仁碟，覆毡无有，向马头裙中擎出来。又以驿卒毛笠覆茶碗如前法，忽向译官金在协怀中探出，人莫不哄然惊异。又以牙筯纳于鼻左孔，向右孔技出，盖旋楪工夫到底处，其他忽有忽无，闪闪悠悠，虽明目而察之，不可知也。

朝鲜使节所看到的是庙会中常常演出的精彩幻术，其中包括"口签子""罗圈献彩""古彩戏法""茶碗搬运""鼻签子"等。

明代的迎神赛会和清代的行香走会，与魏晋六朝的行香不同。除了在集会处重点表演外，还讲究长途跋涉，边游行边表演，显然受了宋代"队舞"的影响。明代王登的《吴社篇》记述苏州一带赛会盛况时说，凡有神栖息供养的地方，都备有仪仗、鼓乐、百戏表演以迎接、祭祀天神。赛会名目繁多，如"松花会""猛将会""关王会""观音会""五方聚圣会"，等等。赛会开幕时，艺人们粉墨浓妆，彩衣鲜丽。幻术、杂技、戏曲人物争奇比胜，真所谓："优伶技乐粉墨绮缟，角抵鱼龙之属，缤纷陆离，靡靡毕陈。"清代，除民间举办走会外，清廷的八旗子弟们遇节日或太子成婚、皇后生产等皇家喜事，也都例行举办走会。走会路线必经颐和园，以供慈禧太后观览。

"抬阁"与"芯子"

走会中利用幻术技巧最多的是"抬阁"，亦称"芯子"。南方称为"飘色"。抬阁起初由数人扛抬一木板游行。板上扎制彩阁，阁中由演员装成"虎牢关""钟馗嫁妹"等演义和神话传说中的人物。这种形式早在宋代即已出现。后来，抬阁的形式逐渐翻新，有些还务求逼真。如明代张岱《陶安梦忆》介绍为寻访装扮《水浒传》中的人物时说："于是分头四出，寻黑矮汉、寻稍长大汉、寻头陀、寻胖和尚、寻茁壮妇人、寻姣长妇人、寻青面、寻歪头、寻赤发、寻美髯、寻黑大汉、寻赤脸长须，大索城中……找不到，则到城外、乡村、邻府、州县乃至穷乡僻壤，不惜重价聘请，务求得三十六人，使梁山泊好汉，个个活灵活现。"表演抬阁时，往往利用幻术设施，外观累变，机巧百端，这就是背阁、转缠结。缠结即是彩扎出许多别出心裁的楼台亭阁。如镜子亭，全用镜子嵌镶，晶辉耀目；麦柴亭，用茅柴扎制，看似弱不禁风，却能载人；五云亭，高耸入云；九层亭，精巧玲珑，等等。雕梁画栋均有机关，务求新奇。抬阁队中，常出现一些不可思议的情景。有的将算盘斜竖，人立于它的尖角上，长久行进，却不坠倒。有的人站立刀尖之上，或吊悬于一根稻草之上，等等。

抬阁结构十分巧妙。《帝京景物略·弘仁桥》记载北京抬阁的秘密：

> 又夸儇者，为台阁。铁杆数丈，曲折成势，饰楼阁崖水云烟形，层置四五儿婴，扮如剧演。其法，环铁约儿腰，平承儿尻，衣彩掩其外，杆暗从衣物错乱中传。下所见云梢烟缕处，空坐一儿，或儿跨像马，蹬空飘飘。道傍动色危叹，而儿坐实无少苦。人复长竿掇饼饵频频啖之。路远，日风暄拂，儿则熟眠。

清代天津皇会走会图——抬阁、高跷

《帝京景物略》详细叙述其设计的巧妙：每年四月十八，北京为庆贺天仙玉女碧霞之君诞辰，举行香会。在拥挤得水泄不通的人群中，抬阁的表演者举着数丈长的高竿，曲折排列成势。竿端有楼台山水，每层楼台有四五个小孩，戏装打扮。或在虚悬中凌虚而坐，或跨一纸扎马驹，蹬空飘飘、岌岌可危。该书介绍其技巧的秘密时说：实际是将这些小孩固定于高竿的支架上。衣彩掩其外，杆暗从衣物错乱中传。因此，虽然道旁观者"动色危叹，而儿坐实无所苦"。小孩饿了，下面的人便"复长竿掇饼饵频频唉之"。日风暄拂，小孩则在高空安然熟眠。这将道具的结构和表演方法，说得再清楚不过了。人似在虚空中飘浮，其实相当安全，与现今舞台幻术的悬浮术相似。明代风俗画《南都繁胜图》画着一队踏高跷的走会人物，行经闹市之中。最前面的人，即有上下二人足尖对足尖，手上举人等动作，这就是抬阁幻术表演。清末《典石斋画报》登载的时事画中，有一幅时事画名为《出人头地》，画中走会的领头人物站于高跷之上，由狮子灯引导前行。他的左右肩上各有两人单足站立，手执彩花，歌舞不辍。这是将走高跷技巧与幻术背阁相结合。表演者腰上绑以铁架，暗中支撑上面两人的重量，并固定两人的位置，使其不坠落。观者不知机关，以为奇幻。清代李振声的《百戏竹枝词》称抬阁为台歌：

> 作台歌状，中设机械，扮十余岁童，为杂剧，数重，有于掌上见舞人者，甚可观。词曰：楼阁层层耸绛霄，半天霓羽奏仙韶，近束莲底花犹好，掌上分明静婉腰。

四、烟火戏幻术的发展

烟火戏或称火戏是药法幻术的一大类，明清两代大为发展。据《帝京景物略》载：当时的烟火，

> 有声者，曰响炮；高起者，曰起火；起火中带炮连声者，曰三级浪；不响不起，旋转地上者，曰地老鼠。筑打有虚实，分量有多寡，因而有花草人物等形者，曰花儿。名几百种。其别以泥函者，曰砂锅儿，以纸函者，曰花筒，以筐函者，曰花盆。总之曰烟火云。

明代《宪宗行乐图》中宪宗帝观赏药发幻术施放焰火的场面

明代的烟火大都制成盒子状，所以又称放烟火为"放盒子"。有的盒子多至五层，能旋放出绶带鸟、葡萄架、珍珠帘、长明塔等美丽的图案。施放烟火，硝烟弥漫，光影五色，甚至连星月也看不清了。

明朝人瞿佑《烟火戏》诗中有"天花无数月中来，五色祥云绕绛台"之句，说的是无数烟花从天而降，好似从月亮中来的一样，五色的烟雾像云朵一样降落在台阶上。明人沈榜《宛署杂记》载：

> 勋戚家有集百巧为一架，分四门次第传爇，通宵不尽，一赏而数百金者。

清代雍正十二月行乐图——正月施烟火匣子

清代宫廷火戏，在继承前代火戏的基础上，规模更加浩大，制造也更加精巧绝妙。原以祭太一神为源的烧灯及逐祟为目的的烟火，到了清代，已完全变为游艺活动。清宫"造办处"下设有"灯作"和"花炮局"，管理烧灯和烟火的制作等事宜。章乃炜《清宫述闻》卷三说："慈禧太后垂帘时代，造办处花炮局向江西招工，来京督造南式花盒，又在交民巷德商祁罗富订购外洋花炮，每年灯节，在中海冰上燃放。"这个时期的宫廷火戏，已集南北、中外之萃。圆明园、南海子等处是清宫常行火戏之处。烧灯与烟火并陈，是火戏的一个特点，自宋代以后，历代如此。清宫每当元宵佳节，御园中放灯、收灯，都要以击锣为令。早晚有定时，一处锣鸣，五处应之。清人赵翼《檐曝杂记》卷一《烟火》记载：

> 上元夕，西厂舞灯，放烟火最盛。清晨先于圆明园宫门列烟火数十架，药线徐引燃，成界画栏杆五色。每架将完，中复烧出宝塔楼阁之类，并有笼鸽及喜鹊数十在盒中乘火飞出者。未、申之交，驾至西厂……日既夕，则楼前舞灯者三千人列队焉，口唱《太平歌》，各执彩灯，循环进止，各依其缀兆，一转旋则三千人排成一"太"字，再转成"平"字，以次作"万""岁"字，又以次合成"太平万岁"字，所谓太平万岁字当中也。舞罢，则烟火大发，其声如雷霆，火光烛半空，但见千万红鱼奋迅跳跃于云海内，极天下之奇观矣。

由三千手持彩灯的舞者，相继组成"太""平""万""岁"字样，其队形变换之复杂，组织之严密，令人叹服。清人吴士鉴有诗专咏此事，云："百宝华灯密炬红，太平万岁字当中。换衣试作回身舞，可似幽州浑脱工。"据该诗原注可知，灯队除组成"太平万岁"字样外，还有"万寿无疆"等字。步唐代万圣乐之传统，其规模扩充至3000人表演，蔚为大观。集红鱼灯彩组字，烟火施放于夜晚表演，更突出幻术之神秘。

烟火制作奇巧万端

清代烟火继承明代的传统，有花盒之制。花盒，又叫"盒子"，盒子之制，大小方圆不一，每个盒中包含许多小的花彩，人物花鸟无所不有。燃放时，身穿锦衣貂蟒的侍卫们，手执花筒，络绎点放，以助欢乐。最后要燃放的是大花盒，这个盒子是每年照例必备的，叫作"万国乐春台"，以象征四征九伐、万国咸宾之状。

康熙乙丑（1685年）元夕，朝廷在南海子大放烟火，清吴振棫《养吉斋余录》卷十三引《西河诗话》，详尽地描绘了这次灯火的盛况，他说：

先于行殿外治场里许，周植杙木，而络以红绳。中建四棚，悬火箱其中。旁树八杆，即八旗也。旗人认志色分驻，而当前四绿旗，则汉人所驻之地。官民老稚男妇，皆许进观。……既则火发于筒，以五为偶，偶具五花，抢升递进。乃举巨炮三，火线层层，由下而上。其四箱套数，若珠帘焰塔，葡萄蜂蝶，雷车电鞭，川奔轴裂，不一而足。又既则九石之灯，藏小灯万，一声迸散，万灯齐明，流苏蕴瑶，纷纶四垂。箱中鼓吹并起，錣髇箠次第作响。火械所及，节奏随之。霹雳数声，烟飞云散。最后一箱，有四小儿从火中相搏坠地，炮声连发。另有四儿花裲裆，杖鼓拍板，作秧歌小队，穿星戴焰，破箱而出，翕倏变幻，难以举似。然后徐辟广场，有所谓万国乐春台者，象四征九伐、万国咸宾之状，纷纷挥霍，极尽震炫而后已。

烟火戏、药发傀儡的制作技法长期保存在幻术门类中。《鹅幻汇编》专有药法门一卷，收录了"烟火戏""药法傀儡"等的相关珍贵资料和技法。其中包括"单变""双变""层叠变"等。如"放烟花"这是"单变"；"二仙传道""双龙戏海"各变一物之后再有变化，这是"双变"；"炮打襄阳""鲤鱼化鳌""蟠桃寿星"变幻更丰富，初见是蟠桃，桃开变出大寿星，大寿星手中执桃，桃开是小寿星，这是"层叠变"。《鹅幻汇编》不仅记载了烟火戏的种种变化现象及其壮观场面，同时还详细地叙述了"火戏"的制作方法。其所描述的"炮打襄阳""鲤鱼化鳌"等巧妙而精彩。"鲤鱼化鳌"是古代"鱼龙之戏"的衍生项目。金红鲤鱼灯悬吊于空，烟雾中突然化为鳌鱼，烟雾再作，鳌鱼化为长长黄龙；"炮打襄阳"是一出著名的烟火剧，源于歌颂明代朱元璋用火器攻战襄阳城的赫赫战功。其展现情节是：元军据守襄阳，义军用排炮即烟火射向襄阳城，有的命中守将，有的击中城楼，瞬间城头火起，即烟火喷出，最后轰然一声城池溃于火海之中。用烟火表现火器攻城，融烟花爆竹与火器为一体，效果逼真。"炮打襄阳"入清以后易其名曰"万国乐春台"。

《鹅幻汇编》详细地记载了"炮打襄阳"的制作和表演方法：

此乃文者，壳内纸绢人物等件照图做成，皆系于壳顶。用薄纸四围之，壳子以药线穿连顶边，此第一线名脱壳线；顶板四周遍悬明火条，硝硫石黄共研，用绵纸卷成条，约三十条，其端总结一处，亦用药线系之。此第二线为明火线；左设大炮，用黑纸做。炮内有一小炮竹，小炮竹之药线由炮门引出，此第三线为放炮线；炮后军兵四五人，一人放炮形，四人对敌形；右设城墙，有城门一扇，用药线结牢城上作关门形。此线与第三线同长同速。此第四线为落门线。盖左边炮响，右边门落，两相应也。城上设一转盘居中，横一圆纸壳，内装发药，发药即流星药，硝炭多而硫少，此药能旋转者，其药线引出于四线总捻一处。此第五线为发兵线。转盘四边，挂军兵六七人。各药线皆红纸套，如灯芯粗，以避火星。各线长短皆要限定分寸，侯准迟速，切勿稍差，计第一线先到，以脱壳；第二点燃明火条；第三放炮，第四落去城门，第五线到，发药旋转，而盘周军士由门旋出（门去方能旋出）。向左环转，复由门再出。如是循环不息，至发药尽方止。

道光年间成书的《火戏略》一书，叙述了清代焰火的丰富与奇妙，大剧如"仙人招鹤""箫史乘凤""地涌金莲""五老降妖"之类。书中同时介绍了各种"火戏"的制作方法，按制作方法和燃放效果的不同而分为"软器""变器""合器""飞器"等。这表明宋代新兴

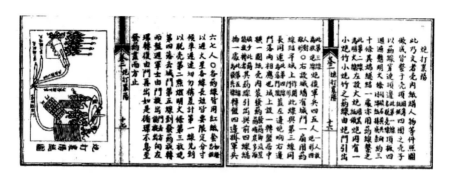

《鹅幻汇编——戏法图说》记载的药法门幻术"炮打襄阳"

的药发傀儡传至清代，已经能够展现比较复杂的戏剧场面造型。由此可见清代烟火幻术，无论从理论上还是从工艺水平上以及燃放效果上，都达到了更高的水平。

五、戏曲中的幻术

幻术与戏曲都来自百戏，两者有着千丝万缕的联系。在许多神话剧中往往运用幻术来增强神秘效果。例如，在目连戏中便运用了不少幻术技巧，川剧《观音寿诞》中就有大型幻术。舞台正中设神案，摆莲座，插神帐，白衣观音坐莲台，施展变化神功，由打杂师向神案撒粉火，暗使绳线牵引，指挥神帐开合，从神帐中变化出飞禽、走兽、武士、书生、长人、矮体、鱼篮观音、水月观音和千手观音，并使神帐最后飞升，非常神奇。在目连"雪山成圣"一出里，释迦牟尼与山妖搏斗，三次头被砍掉又自动长好。佛祖原是白脸，眼见一剑飞来，身首分离，头冉冉升起又落到颈项上，白脸变为黑脸；第二次又如此，脸由黑返白；最后，佛祖化为金脸，身高一丈有零。此时，观众惊叹哗然，情绪达到高潮。实际上三砍三化，是由二人表演变脸，借助灯光明暗产生的效果；幻术中的纸扎（绸扎）技艺，则更是一项久远的传统技艺，至迟可以从汉代的"鱼龙漫衍""总会仙唱"算起。明末张岱《陶庵梦忆》记载"目连戏"：

> 凡天神地祇、牛头马面、鬼母丧门、夜叉罗刹、锯磨鼎镬、刀山寒冰、剑树森罗、铁城血澥，一似吴道子《地狱变相》，为之费纸扎者万钱，人心惴惴，灯下面皆鬼色。

清代辰河戏《桂枝思凡》的莲台，《白马驮金》的马，《嘱后升天》的鹤，《罗卜拜香》的马鞍，《过奈何桥》的桥、牛头马面，《打碗发咒》的"爆葵花"，都有赖幻术设计与纸扎技艺。

清代的一些神仙戏中，运用幻术技法制作道具布景十分流行，神妖使用的道具多有幻术设计，如能伸缩的"金箍棒"，北京故宫博物院至今还存有丈多长、碗口粗的"金箍棒"和"九股托天叉"，还有巨大无比的"鳌鱼"和"蛟龙"，另有全部由玻璃嵌成的花园门，玻璃隔子中间可以点灯，这些"砌末"都是《升平宝笺》剧中所使用的。"金箍棒"和"九股叉"这样巨大的兵器据说是孙悟空和牛魔王斗法时使用的。当时的演员是用两个人接起来乔装成上边一个人站在下边一个人的肩头上，穿上长服装，戴上大头套，凑成一个巨大的身躯上场。

周贻白《中国戏曲论集》记载清代宫廷中，曾建有三处带机关的舞台：一在宁寿宫，一在颐和园，一在热河行宫。故宫和颐和园两处现在还可以看到。舞台分三层，上层是仙界，中层是人间，下层是地狱。当时在这种舞台上所演的戏，都是大戏。比如《劝善金科》即《目连救母》故事、《鼎峙春秋》即《三国》故事、《升平宝筏》即《西游记》故事、《忠义璇图》即《水浒》故事，都是连台十本，一本需演一天，接连演出十天。如果有神仙上场，便从上层天井中坐着竹篮下降，竹篮和绳子都做成云彩的样子。如果有鬼怪出现，便从下层地道口升上中层。中层有台上加台，上层有辘辘绞车，下层也有托升的设备。单说颐和园一处的表演，规模就很盛大，《清稗类钞》描写道：

　　颐和园之戏台，穷极奢侈，袍笏甲胄，皆世所未有。（俞润仙初次排演《混元盒》，其一切装具多借之内府）所演戏，率为《西游记》《封神传》等小说中神仙鬼怪之属，取其荒幻不经，无所触忌，且可凭空点缀，排引多人，离奇变诡，诚大观也。戏台广九筵，凡三层，所演妖魅，有自上而下者，有自下突如其来者，甚至二厢楼亦作化人居，而跨驼舞马，则庭中亦满焉。有时鬼神毕集，面具千百，无一相肖。神仙将出，先有十二三岁之道童作队出场，继有十五六岁、十七八岁者，队各十人，长短一律，绝无参差，举此则其他可知也。又按六十甲子，饰为寿星六十人，旋增至一百二十人。又有《八仙庆贺》一剧，所扮道童，不计其数，至唐玄奘雷音寺取经之日，如来上殿，迦叶、罗汉、辟支、

声闻，高下计分九层，列坐几千人，而台仍绰有余
地也。

台上可容纳演员几千人，还显得宽敞有余，宫廷中舞台装置之排场
确实壮观，戏曲中加进幻术和机关布景，本是汉代以来"百戏均加
以眩目之工"传统的继承和发扬，运用得当可以大大增强戏曲演出的
效果。

六、朝鲜使臣眼中的清代幻术

朝鲜使臣似乎对幻术表演特别感兴趣。许多的燕行学者对此都有
描摹。自 1644 年（清顺治元年、朝鲜仁祖二十二年），直至 19
世纪末，朝鲜的燕行使团不断来到中国，使团官员和其他成员通过多
种方式同清王朝不同阶层人士进行接触，并将其见闻撰写成文，或报
告朝廷，或著录成书公开出版。在多达数百种的《燕行录》著作中，
有不少关于幻术的记载。《带经堂日史》曾述及众人商议看"幻戏"时，
首译官加以劝阻。作者说："今中国曰为演戏用乐，独禁外国人观幻
戏耶？"正反映了使臣对"幻戏"的兴趣。而不少人对幻术更有正面
记述。金景善《燕辕直指》卷三《幻术记》记录了民间艺人应邀在使
馆内做的几十种幻术表演，生动具体，诚如作者在结尾所说，称得上
是"一部幻史"。朴思浩《心田稿·燕蓟纪程》中也提到"留馆观幻
术杂戏"一事，其《留馆杂录》中有《幻术杂戏》，同样记述了幻术
表演。诸如此类的记载，对研究中国明清幻术实况，都是珍贵的史料。

韩国东国大学林基中先生在《〈燕行录〉研究》中为清代幻术（杂耍）专列了一章，从 16 世纪写到 19 世纪。在《燕行录》记载幻术的篇章中，朴趾源的《幻戏记》是最丰富的一篇。韩国李朝末期学者朴趾源曾随堂兄朴明源率领的使团到中国祝贺乾隆 70 岁生日，游历了北京和承德，写下《热河日记》，其中《幻戏记》一篇以 4000 余字的篇幅，描述了他亲眼所见的诸多幻术，作为外国观众首次看到这些神奇表演印象非常深刻，这份资料非常珍贵，转录于后，从中可以看到清代幻术的丰富与精彩。

朴趾源的《幻戏记》

朴趾源首先回顾中国幻术历史，思索幻术为什么会流传下来，有什么社会影响。随后记录了 20 场幻术节目，准备带回去和未见这些精彩表演的人分享。据《幻戏记》载：

> 朝日过"光被四表"牌楼，楼下万人簇围，布笑动地。蓦然见斗死横道者，蔽扇促步而过。从者后，俄而追呼："有怪事可观！"余遥问："谓何？"从者曰："有人偷桃天上，为守者所击，塌然落地。"余叱为怪骇，不顾而去。明日又行其地，盖天下奇伎淫巧杂剧，皆趁千秋节待诏热河，日就牌楼演较百戏。始知昨日从者所见，乃幻术之一也。盖自上世有此，能役使小鬼，眩人之目，故谓之幻也。夏之时，刘累扰龙，以豢孔甲。周穆王时，有偃师者。墨翟，君子也，能飞木鸢。后世如左慈、费长房之徒，皆挟此术以游戏人间。而燕、

齐迂怪之士，谈神仙以诳惑世主者，皆幻术，当时未
之能觉。意者其术出自西域，故鸠罗摩什、佛图澄、
达摩尤其善幻者钦？或曰："售此术以资生，自在于王
法之外，而不见诛绝，何也？"余曰："所以见中土之
大也，能恢恢焉并育，故不为治道之病。若天子挈挈
然与此等较三尺，穷追深究，则乃反隐约于幽僻罕睹
之地，时出而炫耀之，其为天下患大矣。故曰令人以
戏观之，虽妇人、孺子知其为幻术，而无足以惊心骇目，
此王者所以御世之术也哉。遂记其所观诸幻共二十则，
将以示吾东之未见此戏者。"

朴趾源有一天经过一个街市时碰到许多人在围观一种奇异的表
演。听说是有人在表演上天偷桃，被天上的看守者击落在地，觉得很
荒谬就没有过去看。第二天再经过那里时才发现，那里有许许多多的
艺人都是为庆祝皇帝生日而聚在一起等待演出机会的，昨天遇到的那
个表演是幻术。朴趾源认为幻术是一种能驱使鬼神的、让人目眩的表
演，其有悠久的历史，史籍上曾留下过许多著名人物。他列举了刘累、
偃师、墨翟、左慈、鸠罗摩什、佛图澄、达摩，等等。他认为也有一
些人打着神仙旗号的，利用这种表演来骗取世主的宠幸。为什么这样
的表演能存于世、没有被诛灭？这是因为中国是一个泱泱大国，有着
多元包容的文化。设想一下，若统治者使劲打压幻术，只让它存在于
黑暗中，偶有出现反而会迷惑民众，成为麻烦事。而今让它存在于日
常生活中，让大家知道它是一种寻常的、虚幻的表演，虽然看上去有

点吓人，反而无害了，这是非常聪明的统治之术。基于这种考虑，他记录下19个亲自所见的幻术节目，把它们献给没有见过这些表演的人。

（1）幻者盥手帨净，整容四顾，鼓掌翻覆，遍示众人。乃以左手拇指合其食指，摩如丸药，如擦蚤虱。忽萌微物，仅如粟子。连摩渐大，渐如绿豆，渐如樱桃，渐如槟榔，渐如鸡卵，则以两掌疾相摩转，益团益大，微黄淡白，如鹅卵大。才过鹅卵，其大不渐，倏如西瓜。幻者双跪，其胸渐仰，摩团益疾，如抱腰鼓，臂苦乃止。按置卓上，其体正圆，其色正黄；其大如盎，可盛五斗；重不可举，坚不可破；非石非铁，非木非革，非土团成，不可名状；无臭无香，混沌帝江。幻者徐起，鼓掌四顾，复按其物，柔团温摩，物软手媚，轻轻如泡，渐缩渐消，指顾之间，还入掌里。复以两指摩摩一弹，即无有物。

幻术师交代过手中无物后，把两根手指合在一起轻轻摩擦，指间出现了一个微小的物件，继续摩擦它，它就越来越大，从绿豆大到樱桃大、从槟榔大到鸡蛋大、再到鹅蛋大，一只手拿不下了，只好两手来摩擦，这东西忽然变得如西瓜般大，艺人抱着它像抱了一只腰鼓那样，只好把它放到了桌上，看上去这是一个体圆、色黄、量重、质硬但是又说不上来是什么的东西，一会儿再触及它时，它又变得很软很轻了，并开始在体积上缩小，直到回到了一只手中，再回到指间，而艺人将手指张开看时，什么都没有了。一个匪夷所思的表演，后世似乎没有大体相同的节目，其来历也许是手法与藏掖相结合的节目。

（2）幻者使人锉纸数卷，大桶没水，纳纸桶中。手搅其纸，如浣濯衣，纸解融混，如土入水。遍招众人，临观桶中，纸水泥浓，可谓寒心。于时幻者鼓掌一笑，卷其双袖，据桶捞纸，两手汲引，如茧抽丝。纸乃相纫，如初锉时，无有续痕，谁为粘之？其广如带，数十百丈；盘委地上，风动翻飚。更观桶中，澄清无滓，如新汲水。

幻术师把一些坚韧的纸张放进一只装着水的桶里，像洗衣服那样淘洗几次后，这些纸很快就变得烂湿了，表演者笑笑，伸手到水中将纸捞出，捞出的纸竟是坚韧完整的，而且如百丈带子一样拉拽不尽，再看水中时已是清澈如故，原有的纸絮都不见了，就像是一桶新接的水一样。这个节目像是"水接纸连""口吐百丈"的综合体，作者可能是把两个节目写在一起了。

（3）幻者负柱而立，使人反接其手，缚其两拇，柱在臂间。两拇青黑，痛不可忍。众人环看，无不酸悲。于焉幻者离柱而立，手在胸前，其缚如故，未尝解脱，指血会肿，色益黑紫，不忍奇痛。众乃解绳，血气渐通，绳迹犹红。我人驿夫注目谛视，心中自怒，义形于色，鼓囊出钱，大呼幻者，先给与钱，要再细观。幻者称冤："我不汝愚，汝不我信，任汝缚我。"驿夫发愤投弃其绳，自解鞭缑，含口柔之，乃执幻者，背负其柱，反接缚之，比初益急。幻者哀号，痛楚入骨，泪落如豆。驿夫大笑，观者益众。未见脱时，已自离柱，缚竟不解，以示神通。如是三次，无可奈何。

幻术师抱住一根柱子，请观众将自己的两个拇指绑在一起，在保证绑得很紧之后，表演者依旧能脱离柱子，但双手并没有被解开。演出结束后有观众不服，大声叫嚷着要艺人再来一次，并且马上掏出钱来取得了重看的资格，他自作聪明地用自己带来的绳子更狠地捆绑住艺人的手指，把表演者疼得直叫唤，差点儿哭出来了，但接下去表演者依旧能脱离柱子，让观众无可奈何。这个节目描写得非常准确，原型当为《束指》，观众参与一段写得尤其传神。

（4）幻者以水晶圆珠二枚置卓上，珠比鸡子差小。乃持一枚，张口纳之，喉窄珠大，未可吞下，吐出其珠，还置卓上。复于筐里出两鸡子，瞑目延颈，乃吞一卵，如鸡饮蚓，如蛇吞蟾，卵滞项中，如附瘿瘤。复吞一卵，果梗其喉，噎噫哇呜，项赤筋立。幻者悔恨，如不欲生，乃以竹箸搠刺其咽，箸折落地，无可奈何。张口示人，喉露小白，扣胸捶项，闷塞烦冤。小技浮夸，呜呼死矣。幻者默听，若痒耳朵，倾耳乍爬，如有所疑，以禁指尖掘其耳孔，引出白物，果是鸡子。于是幻者右手持卵，遍示众人，纳于左目，拔出右耳；纳于右目，拔出左耳；纳于鼻窍，拔出脑后，项边一卵终犹滞在。

幻术师先是将两个玻璃球吞吐一番，接着换成两个鸡蛋，表演者仰着头蛇吞青蛙般吞下第一个鸡蛋，鸡蛋梗在了脖子中，使表演者脖子上像是长了个大瘤子一般，第二个鸡蛋吞入后，表演者更加难受。表演者悔恨交加，痛不欲生，几次三番想吐却吐不回来。就在这万分危急又无计可施的时刻，表演者似乎觉得耳朵痒，用手去挖，竟把鸡蛋从耳朵里挖了回来，紧张的状况终以幽默的方式解除，娱乐的感觉渗入表演中。表演者将鸡蛋在眼中按进，在耳中取出；从鼻腔里塞入，从脑袋后面取出。这一过程中，脖子上的"瘤子"一直都在。这个节目也描写得比较准确，其原型当为《月下传丹》或称《大苗子》。

（5）幻者以白土一块，画地为一大圈，众人环坐圈外。幻者于时脱帽解衣，以沙砺剑，发出光色，插于地上。复以竹筋搠刺项上，欲破鸡卵，据地一呕，卵竟不出。乃拔其剑，左挥右旋，右挥左旋，仰空一掷，承剑以掌，又一高掷，张口向天，剑头直落，插入口中。于时众人变色齐起，错愕无言。

清代最常见典型幻术：剑丹豆环与十样杂耍口签子

　　幻者仰面，垂其两手，挺挺久立，不瞬双目，直视青天。须臾吞剑，如倒瓶饮，颈腹相应，如蟾怀忿，剑环挂齿，不没惟靶。幻者四据，以柄筑地，齿环相格，阁阁有声。又复起立，拳击柄头，一手扪腹，一手握柄，乱搅腹中，剑行皮间，如笔画纸。众人寒心，不忍正视；小儿怖啼，背走颠仆。于时幻者鼓掌四顾，毅然正立，乃徐拔剑，双手捧持，遍向众人，直前为寿。剑尖血滴，暖气蒸蒸。

　　幻术师拿出一把利剑，寒光闪闪，插到地上，又拿一根竹筷去刺脖子上的鸡蛋，本想将其吐出却未成功。于是表演者开始挥舞利剑，又将剑扔向高空，先是用手去接，再扔时改为用嘴去接，眼看利剑凌空落下直插表演者口中。众人都吓坏了，表演者却稳住身手，像喝水一样将余下的剑身吞入腹中，直到剩下剑把被牙齿抵住。表演者身插坚硬利剑，口大张头后仰，自行动弹不得，但还嫌不够，又用手向下敲击剑把，转动剑把在身体里搅动，直到观众实在受不了了，才把带着血迹和袅袅热气的宝剑从口腹中拔出。这个表演也描绘得相当准确，今日的吞宝剑节目也是如此表演。

（6）幻者剪纸如蝶翼，为数十片，擦在掌中，诱众中一小儿阖目张口，幻者以掌掩口，儿顿足啼哭。幻者笑而放手，儿且啼且哇，绿蛙跳出，连吐数十蛙，皆跳跃地上。

幻术师将一些薄纸撕成小片拿在手中，请一个小孩到台上来，哄着他闭上眼睛张开嘴巴，然后把纸片塞到小孩口中去。小孩不适大哭，且哭且吐，一只只青蛙从他的口中蹦出，跳到地上，连续十几个。这个节目的表演是可能的，只是在青蛙的数量上有一些夸张。

（7）幻者净拭卓面，振拂红毡铺卓上，四顾鼓掌，遍示众人。幻者缓步至卓前，一手托定毡心，一手拈起毡角，赤色一鸟，叫一声爵，向南飞去。又一撩揭东方，青鸟向东飞去。纳手毡底，潜捞一雀，色白味丹，两足爬空，握幻者须，幻者揽须，则又啄幻者左目。幻者舍鸟摩目，鸟向西飞去。幻者愤叹，又潜手执一黑雀，将以与人，失手放之，雀坠地，宛转卓下，童

子争执雀，雀决起，向北飞去。幻者发愤，撤去毡子，

无数鸽鹇一时飞起，鼓翅盘旋，集于屋檐。

幻术师把桌面收拾干净后，铺上一块红毯子，然后从毯中变出红、绿、白、黑四只颜色不同的小鸟，每只小鸟均飞向不同方向。最后他将毯子猛地一掀，更多的鸟从毯中飞出，落到附近屋檐上。这个节目从手法上看也是可以演的，但后世节目中似乎没有传承。

（8）幻者持小锡瓶，右手酌水一碗，注于瓶中，漱滟瓶口。幻者置碗卓上，持竹箸冲瓶底，水漏瓶底，点滴良久，淋泻如檐溜。幻者仰吹瓶底，漏水则止。幻者向空侧睨，口中念咒，水涌瓶口数尺，放泻满地。幻者喝声，掬执水腰，水中截缩入瓶中。幻者复持其碗，还斟瓶水，多少如初，而地上水迹如倾数瓮。

幻术师拿出一个金属的酒瓶，将一碗水倒进去，正好装满一瓶，用竹筷在瓶底猛杵，眼看瓶底漏了有水从下面流出，滴滴答答。表演者仰头对着瓶底吹了口气，水滴就不再流了，表演者口中念咒，水就从瓶口处高高涌出，满泻到地上。表演者向水流大喝一声，拦腰挥手，水就缩回到瓶内。最后，表演者将瓶中的水倒回碗中，仍是满满的一碗，但地上已像被多罐水倾倒过一样湿了一大片了。这个节目的原型当为"空壶取酒"，用竹筷不是为了杵破瓶底，而是为了量出瓶内高度，所有的水都应从瓶口流出，可能是水在顺瓶淌下时有从底下漏出的效果，从而造成作者理解上的误差。

（9）幻者出二金环置卓上，遍招众人视此金环，规可二围，无始无终，团团天成。幻者于是开张两手，各执一环，回旋乍舞，向空飞环，以环受环，两环相连，持此连环，遍示众人，无镈无隙，孰见连时。幻者于是开张两手，各执一环，一离一合，一连一断，断之连之，离之合之。

幻术师拿两只完整的金属圆环，将一只扔向空中，另一只迎其落下，两只环碰撞一下就连在一起了，但之前让人细看两环，每个都完整，没缝没隙，接下去还能将其分开，也不见任何毁坏。这个节目描写准确，就是典型的手法幻术"九连环"。在清代演练"九连环"的高手辈出，例如李赛儿，便是一位出色的女幻术师。据《清稗类钞》记载，李赛儿表演九连环能将一个个铁环抛向空中，待空中之环落下

清瓷绘——耍连环"三环套月"

时，将手中铁环抛出，使两环于空中碰撞后相连成为连环，技巧精妙，达到了炉火纯青的地步。

> （10）幻者铺绣氍毹于卓上，微揭氍毹一角，拈出拳大紫石，以刀尖微刺之，承杯石底，烧酒细泻，满杯则止。众人争出钱沽饮，要饮史蒯公，则石流史蒯公；要饮佛手露，则石流佛手露；要饮状元红，则石流状元红。（史蒯公、佛手露、状元红，皆酒名。）不专一能，惟求辄应，一缕冽香，落胃晕颊。连泻数十杯，忽失石所在，幻者不惊不惶，遥指白云曰："石归天上。"

幻术师从毯子下拿出一块石头，用刀一刺，石上就有酒液流出来，用杯子接了给人品尝，是真的酒液。众人还可以点名来出钱买酒，想喝什么酒，石头里就能流出什么酒，一连数十杯，使喝得人都醉红了脸。后来不知什么时候，石头不见了，幻术师说"它已经回到天上"。节目原型是可在同一个壶嘴里倒出不同酒液的"五色酒壶"。石头似乎应该为酒壶。当然把酒壶做成石头的模样也很巧妙。固体里变出液体来别有一番情趣。

> （11）幻者纳手毡底，摸出苹果三枚（苹果即我国所称沙果，中国所称沙果即我国林檎。我国古无苹果，东平尉郑公载仑奉使时，得接枝东还，国中始盛，而名则讹传云），连枝带叶者一枚，指向我人请买。

我人掉头不肯曰："闻汝往日常以马矢戏人。"幻者笑而不辩，于时众人争沽啖之，我人始乃请沽。幻者始靳，久乃拈出一枚与之，我人一嗑即吐，马矢满口，一市皆笑。

幻术师从毯子里拿出三个苹果，从中拿起连枝带叶的一个要观众吃，观众说不吃，因为听说表演者经常拿马屎给人吃、开人玩笑，所以不吃。表演者听了也不争辩，转身拿苹果给其他人吃，看大家都吃得高兴没有异样，那个观众也转而要求吃一口，表演者递给了他，但那个观众只吃了一口马上就吐了出来，说"还是马屎"，观众看了都大笑。一个捉弄观众的滑稽幻术，后世似乎没有人传承。

（12）幻者以针一握纳吞之，不痒不痛，言笑平常。啖饭啜茶，徐起扪腹，乃以红丝摩纳耳孔。静立良久，嚏咳数度，捉鼻出涕，以帨拭鼻，纳指鼻窍，若拔鼻毛。须臾，红丝小见鼻窍，幻者以爪镊抽某一端，丝出尺余，忽有一针卧度鼻窍，贯丝袅袅，抽丝益长，百十千针皆贯一丝，或有饭颗黏刺针端。

幻术师将一包针一根根吞下，但这种行为好像并没有给他带来任何伤害。他神色如常，照吃照喝，又将一根红线塞入耳朵，停了一会儿，他开始打喷嚏，用一块手帕擦鼻涕，这时他的鼻孔中意外地露出了一点红线，用镊子夹着线头拉出竟是一根长线，并且有一根针连在线上也被拉出，线越拉越长时，更多的针出现在线上，吞下的针都被穿在线上了，从鼻孔里被拉了出来。这个节目记述基本准确，只是后世吞针吐针时都用口腔表演，此处幻术师将耳朵、鼻子并用更显新奇。

（13）幻者出白色碗子，覆示众人，置诸地上，即无有物。幻者四顾，鼓掌示众，持一碟子覆诸碗口，四向唱词，良久开示，有银五片，形如白苇。幻者四顾，鼓掌示众，复以碟子覆碗如初，向空侧睨，喝声若骂，良久开视，银化为钱，厥数亦五。幻者以银杏一盘置地上，以一大盆覆之，向空念咒，良久开视，不见银杏，尽是山查。复覆其盆，向空念咒，良久开视，不见山查，尽是豆蔻。复覆其盆，向空念咒，良久开视，不见豆蔻，尽是丹柰。复覆其盆，向空念咒，良久开视，不见丹柰，尽是念珠，栴檀刻成，尽像布袋，一一含笑，个个胖腴，一串八百，无始无终，虽有巧历，从何数起。于时幻者四顾鼓掌，遍招众人，夸示妙术。复覆其盆，翻置地上，盆下盘上，侧目喝声，若有所怒，良久开视，无一念珠，清水涟漪，一双金鲋，活泼盆中，呷水吐泥，一跃一泳。

幻术师拿出一只碗，让大家看过是空的后在上面盖上一个盘子，不一会儿打开盘子，碗里出现了一些银子，盖上银子，稍后揭开，银子变成了现钱。艺人又拿一盘白果放在地上，用一个盆把它盖上，一会儿，一盆白果就变成了一盆山楂；一盆山楂盖上，又变成了一盆豆蔻；一盆豆蔻盖上，变成丹柰；丹柰盖上变成念珠，这念珠可不一般，每颗都是由檀香木刻成的，个个都是一个笑嘻嘻的布袋和尚；最后艺人把念珠再盖上，打开时变成了一盆金鱼。这个节目的原型当为小一号的彩碗幻术"空碗取钱""连年有余"等。

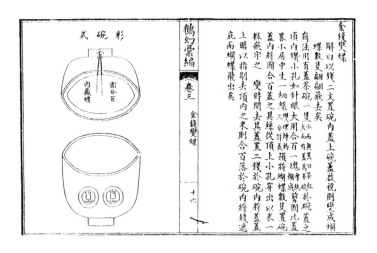

彩碗变化不同彩品

（14）幻者置画瓷盘经尺有咫者五枚于卓上，复以细竹数十枚置卓下。竹大小长短比箭，皆削其端令锐之。乃持一竹，置盘其端，摇竹旋之，不倾不敧，若旋少缓，则更以手击之令疾。盘急于回旋，不念危堕，盘若笑敧，则更以竹激而腾之。盘离竿头尺余，安下正中，回回旋旋，幻者乃插之右脚靴中，而盘自回回。又以一竿旋盘如初，插左靴中，又以一竿旋盘插右领，

又以一竿旋盘插左领。复以一竿，置盘其端，摇之激之，
旋旋回回，以手击之，铮铮有声。于时幻者以竹插竹，
次次续之，盘重竿长，竿腰自弯，全忘落碎，回旋之不止。
竿至十余续，则高出屋上，于时幻者徐拔前所插竿盘，
次第与旁人，还置卓上。于时幻者口含一竿，如横烟
竹，以其高竿立之所含竹端，垂其两手，挺挺久立。
于时众人莫不骨酸，非为爱盘，实所目击危哉危哉。
一瞥风动，竿果中折，于时众人一齐惊欢。幻者亦动，
疾走承盘，更一高掷，盘飞百尺，于时幻者顾盼四众，
意思安闲，轻轻受盘，不矜不夸，旁若无人。

幻术师有五个瓷盘和多根竹竿，他一手持一根竹竿、一手托一
个盘子，将盘子抛到竹竿顶端后随势摇动竿子，盘子就在其上旋转
着不掉下来了。他将四根这样的竹竿插到靴上、肩上，第五根拿在
手上，同时摇动五个盘子，接着他拿另外的竹竿接到手里竹竿的下面
将竹竿续长，直到长杆长得弯曲下来，而顶上的盘子还是晃动不掉，
接着他将靴上、肩上的竿、盘都卸下，将高竿接到口中含的一根短
竿上，长竿抖得更加危险。果然一阵风来，将竿身折断，幻术师却一
步上前接住盘子，表现出从容不迫的能者风范。这个节目原型为"转
盘子""口签子""饧弄盘子"的组合，续竿部分似乎已经失传了。

（15）幻者置稻谷四五斗于前，两手争掬，如嗜
刍豢，须臾尽啖，地面如舐。于时幻者据地吐糠，涎

团成块，糠尽烟继，笼幂唇齿。以手拭髯，索水漱口，烟竟不止。如胸摸唇，不耐烦燥，连饮数碗，烟势弥炽。张口一喀，赤火塞口，以箸挟出，半炭半烧。

幻术师将几斗稻谷倒于地上，先用手在谷子里捧掬，交代谷子里没有异物，接着张嘴吞食谷子，再把成团的糠渣吐出。糠渣吐尽时，表演者嘴里有烟冒出，取水漱口后，烟仍冒个不停。表演者因此觉得燥热，连喝下几碗凉水，但烟却越冒越多，最后竟有火光在口中显现，继而有燃烧的火碳从艺人嘴里夹了出来。这是传统"吐火"的一种，与吞食锯末吐火类似。

（16）幻者以金葫芦置卓上，又出缘铜花觚，插孔雀羽。须臾，失金葫芦所在。幻者指众中一人曰："这位老爷藏弄。"其人怒形于色，曰："那得无礼！"幻者笑曰："真定老爷欺负，葫芦在老爷怀中。"其人大怒，口中且骂。一振其衣，忽子怀中铿然堕地。一市齐笑，其人默然久之，立人背后。

表演者把一个金葫芦变没了，并指着围观的一位观众说被他藏起来了，这位观众很生气，斥其没有礼貌，但就在他骂骂咧咧打开衣服以证清白时，金葫芦竟然由身上掉落到地上，引起大家的哄笑。这个表演的原型为"飞杯还原"，从效果上看演员的表演非常幽默出色。

（17）幻者净拭卓面，陈列图书，小炉蒸香。白琉璃盘盛桃三枚，桃皆碗儿大。卓前置棋局及白黑子筒，设茵铺席，端方雅鱼。暂施帷幕于卓，须臾撤之。有珠冠荷衣者，有霞袂云履者，有衣叶跣足者，或对坐摆局，或拄杖傍立，或支颐坐睡，皆美须鬛，形貌古奇。盘中三桃忽连枝带叶，枝头开花。珠冠者摘桃一枚，相与啖之，出其核种之地中，又食他桃未半，地中桃子已长数尺，开花结子。对局者奄然斑白，俄而皓雪。

幻术师把桌面收拾干净，摆上书籍、焚香、桃子、棋局、席子等用品，又围上一顶帐子，过了一会儿帐子打开，竟有许多仙人出现在帐中，使用着那些用品。众仙中既有衣冠华美者，也有光脚散淡者，他们或对弈、或观局，各有造型，组成一幅仙人玩棋图。女仙拿起一个桃来吃，吃完将桃核种于地上，又拿起一枚桃吃，第二枚桃还没吃完，那桃核上已长出枝芽，继而开花结果，而下棋的仙人瞬间已是头发花白，继而又全白如雪了。这是一个中国传统幻术中罕见的人物同时变化的节目，表现上很美，也有一种年华易逝的哲学意味。后半部分与《种梨》节目相似，可惜后世没有传承。

（18）幻者置大琉璃镜于卓上，设架立之。于时幻者遍招众人，开视此镜，重楼复殿，窈窕丹青。有大官人手执蝇拂，循栏徐行。佳人美女，四四三三，或擎宝刀，或奉金壶，或吹凤笙，或踢绣球，明珰云鬟，妙丽无双。室中百物，种种宝玩，真定世间极富贵者。

于是众人莫不羡悦，耽嗜争观，忘此为镜，直欲钻入。
于是幻者麾众喝退，即掩镜扉，不令久视。幻者闲步
四向唱词，又开其镜，招众来视，殿阁寂寞，楼榭荒凉，
日月几何，宝女何去。有一睡人侧卧床上，傍无一物，
以手撑耳，顶门出气，袅袅如烟，本纤末圆，形如垂乳。
钟馗嫁妹，鸺鹠娶妇，柳鬼前导，蝙蝠执帜，乘此顶气，
腾空游雾。睡者乍伸，欲寱还寝，俄然两腿化为双轮，
而其辐轴犹然未成。于是观者莫不寒心，掩镜背走。
世界梦幻，本自如此，犹于镜里，炎凉顿殊。一切世
间种种万事，朝荣暮枯，昨富今贫，俄壮倏老，梦中
说梦，方死方生，何有何亡，孰真孰假？寄语世间善
心善男、菩萨兄弟，幻界梦身，泡金电帛，结大因缘，
随气暂住，愿准是镜，莫为热进，莫为寒退，齐施钱陌，
济此贫乏。

幻术师拿出一面镜子，让大家看，镜里有众人心目中的美好生
活，官人美女，吃喝玩乐，美景良辰，荣华富贵，所有观看的人都恨
不能进入镜中世界。幻术师喝退众人掩上镜子，再打开时已是一片荒
芜、惨淡的景象，让人避之唯恐不及，这是一套精彩的光学幻术。幻
术师告诫世人，人生如梦，世事无常，劝人行善济贫。镜中幻影类的
表演表现了佛教的理念，是一出富有哲理的幻术。

（19）幻者置一大盆于卓上，以帨拭净，覆以红毡，

若将有所为术也。周旋之际，怀中一盘铮然坠地，赤
枣迸散。众人齐笑，幻者亦笑，收藏器什，因为罢戏。
非不能也，日暮将罢，故为破绽以示众人，本此假者。

软竿悬果　　口吐百丈　　　彩扇悬伞　　　吞　宝

空壶取酒　　　　　搬运盆景

福到了　　　足尖悬帽

幻术师把一个大盆放到桌上，用布擦干净后用毯子盖住，说是要变来些东西，但是作法过程中衣服里藏着的一只大盘子"咣"的一声掉到地上，其中的红枣散落一地，众人看了都大笑，表演者也笑了，并开始收拾东西。他说，今天的演出到此结束吧，天色已晚，之所以最后要故意露出破绽给大家看，是为了告示大家戏法都是假的，仅是艺术表演，千万别把它当真。

以上记载的 19 个幻术节目相当生动具体，是一份难得的资料。当然文字记录事物不会如摄像记录一般，一定会带上作者的主观感受和理解，这倒是意外地让我们同时看到了两个事物，一个是经分析得出的节目本身，一个是观众眼中的节目效果，严格地说两者都是真实的，前面是表演的真实，后者是感受的真实。

七、清末的中外幻术交流

清代又一次出现了中外魔术的交流热潮。1840 年鸦片战争后，海禁大开，一方面是中国戏法艺人漂洋过海，希望开拓新的天地，有更大的发展；另一方面是西方魔术团来到中国，寻求新的演出市场。中外幻术交流陡然增多，其深度与广度大大超过历代，促进了中国幻术自身的变革，也为世界幻术发展注入了独特的中华色彩。

清末艺人出洋，以河北吴桥艺人最多。路线有两条：一条是向北，带着"单包利子"（**轻便戏法道具**）沿途卖艺，经西伯利亚抵达东欧，再向欧美；另一条路是下南洋，依水路外出，乘船过海到印支半岛和南洋群岛等地，再行欧美。

九连环的影响

据 1928 年英国魔术杂志《魔棍》（*Magic Wand*）12 月载西德尼·克拉克（Sidney W. Clarke）文章介绍，九连环是中国的北京戏法班 1830 年赴英国时带去的，英国魔术师荷夫曼·路易斯、法国魔术师罗伯特·呼定（Robert-Houdin）等都在自己的书上介绍这一节目，认为它原理简单，变化丰富，富有美感，是东方幻术的经典作品。许多国家的魔术家都喜爱并学习了这套节目，"国际幻术师联合会"（The International Brotherhood of Magicians）的会刊杂志也被起名为"连环"（The Lingking Rings），一是由于连环的历史悠远，是能代表魔术的优秀节目；二是把单环连在一起的含义，可象征各国魔术师聚会在一起。

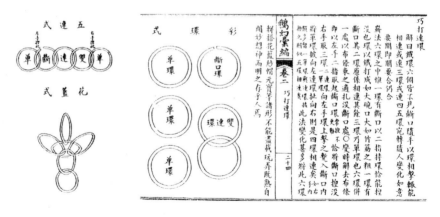

《鹅幻汇编——戏法图说》记载的"巧打连环"的基本技法

连环受到国际关注，兴起学连环、演连环、研究连环热潮

朱连奎与模仿者

因与欧美魔术界交流而留下名字的戏法家颇多。如朱连奎，在美国艺名金陵福，外号"朱磕巴"。天津杨柳青人，擅长中国民间戏法。他于同治年间在美国马戏团演出中国戏法，轰动了美国魔术界，也使美国观众发现了东方幻术之巧妙，兴起一股争看中国戏法的热潮。美国魔术师维廉·罗宾逊，由于倾慕朱连奎高超的戏法技巧，不仅取了一个中国式的艺名程连苏，还在演出时模仿中国人的扮相，身着长袍马褂，脑袋后垂着一条假辫子，演出场景也如皇家宫殿一般富丽堂皇。朱连奎在美国打开局面之后曾推荐家乡的其他同行去英美作艺，不少人在演出中也获得成功。朱连奎晚年曾带回一批国外的马戏节目，成为国内兴办现代马戏的先驱之一。

开疆辟土的戏法家朱连奎　　　模仿者维廉·罗宾逊

韩秉谦与大卫·雅培

另一位外出获得成功的幻术家是韩秉谦。韩秉廉是河北唐山人，早期率徒在北京作艺，由于技艺超群，常出入宫廷演出，为了进大内演出方便，被授予四品顶戴花翎，是当时北京首屈一指的大家。以韩秉谦为首的"北京幻术团"先后在欧美19个国家进行巡回演出，历经英国、法国、奥地利、意大利、德国、比利时诸国，最后到达美国，归途中又访问了东方各国。他们一面表演富有民族特色的中国幻术，一面与所到之处的杂技魔术同行交流技艺，学习西洋魔术，并将演出所得购置了一批西洋魔术道具，回国后比较系统地将西方魔术介绍给中国观众。在演出实践中，培养出一批表演现代魔术和滑稽节目的人才，如魔术师张敬福、韩敬文，滑稽表演家赵敬熙等。韩氏门徒后来长期在京津、湖北、四川等地作艺，对中国现代魔术的发展，产生过深远的影响。

韩秉谦率领的具有皇家气派的北京幻术团

美国资深魔术师、研究家大卫·雅培（David P. Abbott）在《中国魔法师韩秉谦与他的北京神秘团》一文中对他们的演出给予了关注：

1915年10月31日星期日开始的那一周，我和这座城市的其他魔术师反复观看了韩秉谦和他的"北京神秘团"在奥马哈奥芬剧院的演出。我想我可以真实地说，韩秉谦作为一位魔术师，他在各个方面至少和著名的金陵福一样完美。当韩先生变一个魔术时，它就不再是魔术，而是似乎成为一个奇迹。比如著名的中国大理石球魔术（"月下传丹"），他几乎可以在他身体的任何部位将一个一英寸半大小的白色大理石球压进去，然后总是能从他的嘴里再吐出来。他张开嘴巴，给大家交代他嘴里是空的，然后他用一只手将大理石球揉入另一只手。他的助手生疑，上来检查这只手，结果什么也没发现。他的助手又把他的两只手都检查了一遍，大理石球彻底不见了。这时，韩秉谦笑着说："大理石球在嘴里。"在他的笑声中，韩秉谦将石球从嘴里吐出，用手接住。他一遍又一遍地用不同的花样来重复这一变化，并在其中加入了很多笑料。在这个过程中，他总是先交代他嘴里是空的，然后他再吐出大理石球来，而不用手去接触嘴。他会把大理石球明明白白地放在自己身上的任何部位，给它搓摩一下，它就消失了。但正如他所说："球总会从嘴里出来。"

大卫·雅培还谈到了与韩秉谦推心置腹交流的动人场景：

韩秉谦偶得"一周休假"，便应邀住到我家，韩会二三十个英语单词，辅以一些图画和符号以及对实物的指指点点，我们交流得很好。那天晚上，我向他们展示了我的最新创作，包括"高声说话的水壶"、无须机械接触即可工作的"头盖骨"，拥有我所有最新效果的"球悬浮"，"大声讲话的日光小号"和我的新"心灵感应"和"通灵"节目。要说我的魔术让那些只看过古代魔术的人仅仅是略有所动，那就太轻描淡写了。但是我必须承认，当他来为我和我的朋友做近景魔术表演时，他是扳回了一城，与我再次不分伯仲。当我看到他把几枚硬币从我的桌面上穿过时——他看上去是真的这么做到了，而不是在玩什么花招——我是惊奇到眼珠子都要掉出来了。我让他重复了三遍，然后我打电话给其他魔术师，让他们来帮我，但这没用。倘若不是出于他的善意，我至今依然会感到迷惑不解。他表演了连环，把几个环从他手里扔出去，这些环会像滚铁环的人玩的铁环一样从地上滚回来。当它们滚回到他跟前时，他把它们连起来。他把他的几个环扔向空中，当它们落下时，他又把它们连起来。他用他的环组成了各种各样的图形，包括一架带有螺旋桨、机翼和方向舵等部件的飞机，他从不用连在一起的三连环，他只用一个有门子的环，两个连环，和三个单独的环。而且他会在头或膝盖的部位解开连环。他在嘴里解环时，会发出奇怪的声音。突然一个环从他的嘴里穿过，从他的面颊上穿了出来，他（同时）用中文嚎叫起来，十分滑稽。然后他把环从嘴里移开，交代它并没有门子。在这里我告诉你，这最后一下子就是艺术啦。

他也表演喷火的节目，火像火山喷发一样从他的嘴里喷出来，就像金陵福表演的一样。但是，在这个魔术的表演过程中的任何时刻，他都可以张开嘴，让您可以通过触觉和视觉来检查他嘴的内部，确认内部完全是空的。然后，他不用手靠近嘴，又从嘴里吐出大火。在喷火之间，您总能看到他的嘴里真的是空的，这就是事实，他不需为了喷火而吃入纸屑或什么其他的东西。他就是张开嘴，让您检查，然后就从嘴里喷出火来。

　　我们论及了很多的魔术，这真是太奇妙了。他给我演示大理石球魔术。他当时手头没有大理石球，就拿了个英国胡桃。他把那胡桃放到嘴中的牙齿之间，然后移开了他的手。我往他的嘴里看，胡桃完全不见了。确定无疑，胡桃踪迹全无。随后，他却把胡桃吐了出来。他表演了杯球魔术（仙人摘豆）。由我来描述他的真正奇妙之处是没有用的，因为我的文字做不到。我以为我知道所有的有关手法，因而能跟得上他的表演，但是经过数次的尝试以及他为我友善揭秘之后，我彻底放弃了，只去享受观赏的感觉。我问他练就这样的功夫需要花多长时间。他说："如果一个人年轻的话，每天花两小时练习，大概需要三年的时间。如果是年龄大了，则永远也学不到手。"在他的手里，手法似乎不再是手法；然而他却说："这没啥。太小了。"但是，我会说，如果有可能买到他那样的表演能力的话，我很乐意支付巨款来购买这样的上天赋予的才能。他把我所有的新节目都带去了中国，因此他是中国唯一拥有我所有最新节目的人，而金陵福只有一个我的水壶，我想这些都是我要传到那个国家的东西。

这种推心置腹的交流，不仅体现了真正大师的风范，也确实促进了东西方幻术的发展。

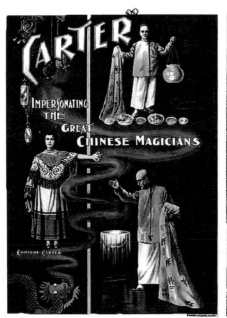

不少西方魔术师仿效中国幻术淘金

外国魔术师的表演

在中国魔术家大批出国演出的同时，外国的魔术师们也纷至沓来。1873年4月，英国魔术家瓦纳第一个来到上海，在圆明园路表演。著名文人王韬办的《瀛壖杂志》介绍当时情景说：

尤以术师瓦纳所演为冠场。戏院顶圆如球，楼岑明灯千点，密于莲房，其光倒映，朗彻如画。至时秦西士女，宝马香车，络绎奔赴。须臾客已满，西人而外，奥国裙钗蛮姬，粉黛居多。台上障以绛帘，乐作帘开，中悬一八角图，纸牌编列其上。术人出，与客好礼，以指弹之。如飞絮落花，随风飘坠。取牌之叶置枪中，机动弹发，振地一声，而牌仍在架，神工鬼斧，不倚不偏。

又借客人戒指手巾，以炫其奇。戒指则请客闭置盒中，手巾则红白二幅各剪一围，略一指挥，则红白互补，形如满月。又如较射之鹄，顷刻还原，真如天衣无缝，略无补缀痕，戒指已挂台上花枝，其变幻不可思议。

术人取盒一具，内扁而外方。内置一表，请客锁闭。台供一器，形类铜钟，而有针旋转，如台上之针指何方，则盒内亦然屡演不爽。

最后取客一冠，其中空无所有。术人手探之取出衣一、巾一、裤一、皮盒一。盒长五寸，盒中有盒，层出不穷，至十二具，垒之堆置案上，使复纳入，则一盒都不能容，其巧妙实出言思疑议之。

又向冠中取出纸裹洋糖，冠转而糖出，有若连星贯珠。座客食之几遍，旋转冠置台表，忽冠中有声如枪，震冠为裂，火焰荧然。术人踏火使熄，冠扁作愧赧状，乃叠冠入一铅管中。忽枪发如震霆，冠悬于梁，梁高不可攀，枪再震，则冠已落地。举以还客。

俄而西国女童，自帏际姗姗而出，年约十数龄，一种秀曼之气，如初出芙蓉，光彩四射，能作广寒仙子。御风而立，又能作寿阳醉态，横卧空中。其他略如中国搬演戏剧，第妙手空空，绝不借助寸巾尺袄，所以为佳。

其最惊心动魄者，则以匕首决人头出。时绛帘骤下，乐声袅袅，殊惨人耳。帘启，则术人短衣持铃而立，旁一人与术人对峙，术人铿然摇铃作声，其人即昏然如醉。术人引之一挺卧桌上，出一剑，光鉴毫发，甫下而头落，血花直喷空际，术人盛着于盘，下台遍示座客，头犹温暖，面色灰败，启其唇以视，幽宛然。仍登台，还首于颈，喃喃有词，少顷手足能动，瞬而起坐，与客还礼，恐偃师之技未必有此神奇。泰西闺秀至有不敢仰首正视者，此谓无迹象可寻者矣。

这里记录了瓦纳表演的"八角星尖飞牌""飞戒指于花心""剪手手巾互换颜色""呢帽取物""控制时钟""人体腾空"以及"斩头术"。

初次接触西洋魔术的中国艺人和观众，莫不对此感到新鲜。中国艺人从中受到启发，开始探索中国幻术的革新。一些业余幻术家纷纷效仿演出西洋魔术，并萌生兴办现代魔术团的愿望。

继瓦纳之后，英、美、日、奥、德、意等国魔术家也来华演出，英国魔术家汤姆、戈定亨利，美国魔术家德邓脱，德国魔术家尼哥拉，意大利魔术家柏拉蒙、邦费罗等都对中国现代魔术的发展产生影响。

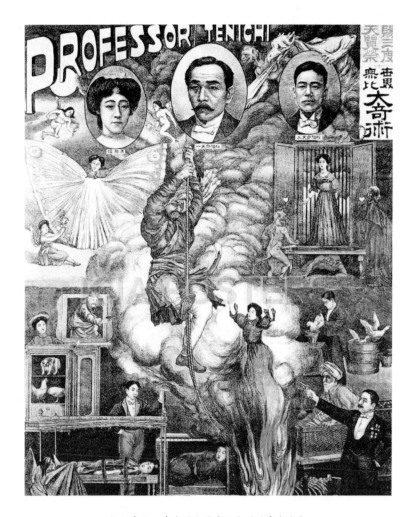

松旭斋天一奇术团上演东西合璧的奇术晚会

　　日本著名魔术师松旭斋天一将西洋戏法技巧融汇于本民族魔术之中，国人称其为"东洋把戏"，受到广泛欢迎。天一本人于1882、1887、1905年曾三次来华。其后他的学生天左、天胜娘亦数度来华。他们带到我国的"换影奇箱""炮打美人"等著名魔术节目，在我国得到广泛传播，给中国幻术艺人以很大启发，使中国人感到学习和引进外国魔术，走日本人的道路更为适宜。如天津艺人穆文庆的"大天一魔术团"就是模仿天一组织起来的有影响的魔术团，穆文庆自称"大天一"（含超过"天一"之意），曾成功演出于北方各省，并两次出国演出。

中国幻术史话

第八章

幻术专著的出现及影响

好奇之心人人皆有，探索幻术秘密自古至今也不乏其人，但是中国幻术在其发展的过程中，始终未得到系统记录与总结。这是因为古代利用幻术的宗教家们对其秘密讳莫如深，而民间幻术艺人又缺少文化，无力记录整理幻术技法。加之幻术师们长期养成保密的风气，"宁给三元钱，不把艺来传"。以致历代幻术发明创造都没有被记载下来，直至明清时代才有了一些幻术著作，其中最引人注目的是《神仙戏术》和《鹅幻汇编》。

《神仙戏术》

明代的《神仙戏术》曾一度在国内亡佚，能见到的只有日本刊印本，印于元禄十年（1697 年），分成正续编两集，合为一函，总共收录戏术 40 套。正集首尾署"正德五年（1510 年）陈眉公著述"；续集署"元禄十二年马场源信武选"，系马场源信武根据正集的体例予以扩充。中文正文旁有日文注，文后附有释文。日本学者山本庆一作跋，认为此书是由中国传入日本的第一本幻术著作。日本幻术史研究家坂本种芳，在他所著的《奇术世界》一书中，统计古代幻术典籍时，将中国《神仙戏术》一书列为最古老的一册。

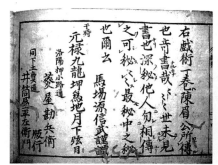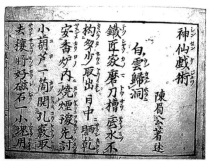

《神仙戏术》 陈眉公著述 马场源信武谨识

　　陈眉公，名继儒，华亭（今属上海）人，于 1558 年至 1639 年在世，是晚明时著名的文士，一生著述甚丰，大半存世。但在他现存的书目中，却未见有此书。是不是陈眉公当时名望高，书商们为图牟利，假托他的名义而撰写的呢？是不是此种闲书为小技，不登大雅之堂，不被归入著作之中呢？《神仙戏术》流传到日本，日本的出版者态度认真，既冠以陈眉公之名，也许此书真的出于他手？这些谜团曾久久困扰着幻术研究者。

　　2016 年 1 月，魔术界传来了好消息，魔术文物收藏家倪冠东在天津购得一本《神仙戏术》，全名《新刊足本神仙戏术》，作者为碧云散仙，全书分上下卷，有 118 套戏术秘方，比日本译本的 20 套整整多了 5 倍。书中标明出版年代是正德庚午，也就是西历 1510 年，与日本版标明的原书出版时间一致，而两者节目数量不同、作者不同，这又是为什么呢？经多方考察，原来日本刊行的《神仙戏术》是从陈眉公纂辑的《新刻陈眉公先生编纂诸书备采万卷搜奇全书》（亦称《陈眉公先生纂辑增补绘图万宝全书》简称《万宝全书》）中节录的。因此署名陈眉公著述。

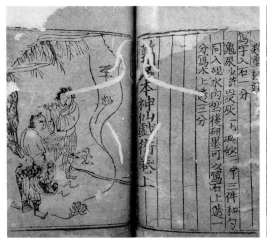

新刊足本神仙戏术卷上有顷刻莲花图　卷下附有正德庚午林熊氏厚德堂新刊

现存哈佛大学的《新刻陈眉公先生编纂诸书备采万卷搜奇全书》，其中附二十三卷的戏术门，刊有：白云归洞、水上点灯、玉女传情、画猫避鼠、滚地葫芦、皓月入房、纸蝴蝶飞、唤蝴蝶来、盆中走鱼、雪里点灯、鬼吹火、吹纸鸡子、手帕盛酒、烧纸人起、聚戏蝴蝶、辟蚊子法、辟燕子法、除狗蚤法（2套）、譬蚁坻法、除木虱法等名目，与日版正集所选20套相同，马场源信武所选的续集20套中也有部分内容来自此书，如"棋子自动术"。

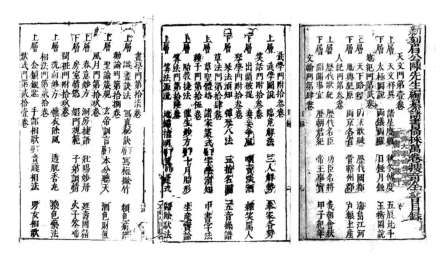

哈佛大学珍藏的《新刻陈眉公先生编纂诸书备采万卷搜奇全书》

明代出版的《新刊足本神仙戏术》和《新刻陈眉公先生编纂诸书备采万卷搜奇全书》内容不尽相同。除了共同提及项目之外，尚有烧椤罗树、手中雪下、灯上龙见、碗玄吹箫、采花种法、洗衣不用灰汁法、纸上喷花、木中浸洗黑字、剪灯、撚云、寒月入水不冷、纸上弹蝴蝶、顷刻开花、种瓜法、转碗法、舞醉童法、鸡蛋升空、水面浮字、雪中暖酒、斟酒不溢、壁上燃烛、口中吃火、吹灯不灭、日能见鬼、线灰悬钱、纸碟飞空、灯下传书、鸡蛋有字、白纸见字、制豆击蝇、燃引鸡子等数十项不同。

《神仙戏术》记载的节目，具有易于制作、灵巧有趣、不需要特殊表演技巧的特点。也就是说，只要有了事先制作好的道具，便可以在适当场合下表演。以下随意列举几种表演及其说明文字：

滚地葫芦。中样葫芦一个，开孔窍，取去穰子。

将小鳝鱼及鳅鱼一条，放在葫芦内，用水调些椒盐末，塞葫芦口，放在地上，自滚走。

暗传书法。白纸，以巴豆研水，用毛笔一管，书纸面上，放干。演时取细研铁锅墨，放纸上扫之，自聚于纸上成字。

吹纸鸡子。生鸡子一个，开一小孔，向头边倾出清黄，令尽，用醋浸一夜，去硬皮，其软白皮莫令挤破。耍戏时，先放口内。然后取白纸，剪成鸡子样，放在口内，出真鸡子皮，吹开圆，圆如鸡子样。

手帕盛酒。胡粉半两、槐胶二分，一盂和水合研，令白。干净手帕一条，向日洗三五次，熨开，盛酒不漏。

这些原理非常巧妙的节目，对于事先毫无所知的观众，确实会感到有些不可思议。也有一些项目听上去似出于传闻，效果并不确实，如开篇所写第一个节目：

白云归洞，铁匠家磨刀槽底水，不拘多少，取出，日中晒干，安香炉内烧烟。预先讨小葫芦二个，开孔窍、取去穰，将好磁石一小块，用生漆粘在葫芦内。倒将葫芦向其上，烟如线，尽入葫芦中去。

节目描写得意象很好，但铁锈粉末在加热情况下被磁铁吸附，是否可能成"烟"，则大可怀疑。

《神仙戏术》所集幻术多为单一现象或结果，缺少必要的"情节"和"表演过程"，显然不如"筒子""七圣刀""烟火戏"等节目成熟，因而也少见于真正的演出。此外有些项目只能算是生活中的小经验、小窍门，称不上"戏术"或幻术，如辟蚊子法、辟燕子法、除狗蚤法等。

尽管《神仙戏术》并不都是可供表演的幻术，编选意趣和方法也还相当粗糙，但无论如何这是一本从生活中采集来的开创性作品，闪耀着智慧的火花和创造的才能。它标志着幻术作为一种表演艺术，已进入了中国艺术的学术系列。古时人们将幻术视为神通，称幻术师为神仙、术士、方士，这本书虽仍以"神仙戏术"命名，而实际记录的非但不是什么神仙法术，相反都是人间科学方法所致，向世人宣言幻术属于科学游戏的本质。明清时代正是神仙戏术逐渐脱去宗教外衣，露出表演艺术特质的时代。

从幻术发展史的角度来看，《神仙戏术》的出现起到了贯通古今的重要作用。它收录民间小型幻术 120 来套，囊括了从秦汉至元明道家神仙游戏人间的种种神迹秘方，如汉代"棋子自动术"，魏晋六朝的"顷刻开花""种瓜法"，唐宋时期的"纸上喷花""白水变酒"，等等，证明数千年来这些幻术不是传说故事，而是确实存在的表演，否则就不会有制作的秘方流传下来，不少节目流传至今。《神仙戏术》的出现，对探寻幻术的历史价值、学术价值、社会价值提供了珍贵的资料，对幻术发展必将产生深远的影响。

《鹅幻汇编》

明清两代除了碧云散仙著《新刊足本神仙戏术》和陈眉公刊印《神仙戏术》之外，还出版了一些幻术、戏术、戏法书籍，如《钟吕神仙戏术》《有玄教门神仙戏术》《神巧戏法》《神奇戏法》等。其中影响最大的，版本最多的，是唐再丰编著的《鹅幻汇编》。其书名"鹅幻"取自魏晋南北朝时吴均的志怪小说集《续齐谐记》里的《阳羡鹅笼》。东晋阳羡许彦，遇书生求入鹅笼寄居，应允后遇到种种离奇诡变，使之成为幻术故事之典范。

《鹅幻汇编》还有一个实打实的名字称为《戏法图说》，首印于清光绪己丑秋（1889 年），姑苏桃花仙馆藏本，全书共 12 卷。这部既有学术价值又有实用意义的汇编一经刊行，就广受业内外的关注与欢迎，从晚清至民国反复被改头换面的翻印，如《中外戏法图说》《增注中外戏法图说》《中外戏法大观图说》《鹅幻戏法图说》《绘图戏法图说》，等等。

《鹅幻汇编——戏法图说》光绪己丑秋石印姑苏桃花仙馆藏本

作者唐再丰，姑苏元和（今江苏苏州）人，字芸洲，别号桃花仙馆主，生卒年不详，是中国晚清幻术研究家、剑侠小说名家、江湖社会探索者。著述颇丰，除《鹅幻汇编·续编·余编》外，尚有剑侠名著《七剑十三侠》（一名《七子十三生》）《新绘中华新法机器图说》《唐作写信必读》等。他自幼嗜爱奇技异能，尤倾心于幻术戏法研究，兼及巫道方术江湖诸艺。他在编纂《鹅幻汇编》序言中说：

> 仆素好杂技，于戏法尤属倾心，幼年时即物色秘诀，遍叩名师，岁增日益，迄今三十余年，细为揣摩，集成三百余套。极古今之善法，尽变化之奇思，分设一十二卷，标之曰鹅幻汇编。引类分门，诸法全备，图形细绘，详注分明，笔所不能达者，绘图以形之，图所不能显者，添注以详之，务使学者一目了然，在能尽其底蕴，转胜于名师之口语手道也。
>
> 戏法，小技也，然欲穷其奥妙，得其精微，若无师傅传授，徒费苦思耳。夫三教九流皆有传本，独此一端，历来向无成书，即偶有附载数事者，要皆舛错为讹，转辗相受，以赝为真……

可见，他是立"前无古人"之志来编纂《鹅幻汇编》的。《鹅幻汇编》于光绪十五年（1889年）刊行。而后，他又继续出版了《鹅幻续编》和《鹅幻余编》，总计三集。其内容除了记有清代民间流行的幻术节目之外，还记录了杂耍、西洋马戏、奇巧机械、玩具，乃至工尺曲谱等多方面的内容。《鹅幻汇编》对幻术的贡献，首先在于它总结、保存了大批濒临失传的节目，如"鱼化黄龙"等许多著名古代节目，使之成为研究幻术史的重要资料。唐再丰对节目的整理，态度比较客观，力求方法完备。他先写表演现象，再写方法，后备插图。同一节目凡有两个方法以上的，均兼收并蓄。他说："凡遇一剧有数法者，其中有好有歹，可删去者已删去，宜存者则存之，各于起处标其优劣，凡最佳之秘诀名曰'尖法'，其次的称为'副法'，其伪讹者称为'黄法'。黄即虚假的意思。"

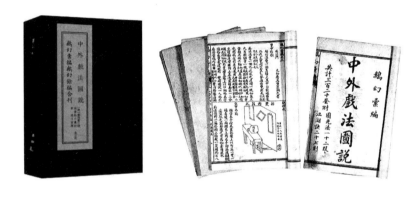

《鹅幻汇编》《鹅幻余编合刊》《中外戏法图》

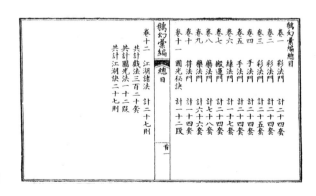

《鹅幻汇编》总目

　　《鹅幻汇编》的另一个成就是对古代幻术的种类进行了较为科学的分类。唐再丰将自己收集到的全部幻术，进行了精心整理，自称收录戏法达320套。他将所有的节目按技法分为6类，为"彩法门""手法门""丝法门""搬运门""药法门""符法门"六大门。除戏法之外，还附录了圆光秘诀十二段，江湖诸法27则。对一些江湖把戏进行了揭露。可以想见，一个不事幻术专业谋生的文人，要深入江湖采集到这么多专业资料是多么不容易。

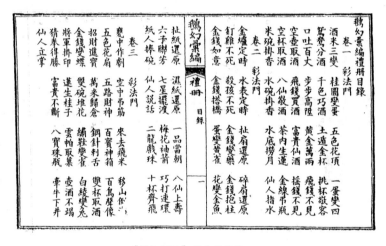

《鹅幻汇编》彩法门目录

"彩法门"

　　"彩法门"指利用道具的机关作为变化关键的幻术。"彩"既指促成变化的机关，也指被变化的物品（内行称为"彩品"），是从古代撮弄门类发展而来的门类。主要是用瓷碗为道具来进行各种变化，内行又称"36套抹子活"，其实其数量远不止36套，书中就列举了

73套，也还不是全部。民间彩法幻术，大都就地取材，虽制有机关，但手法掌控，表演程序编排，表演艺术处理都十分重要，缺一不能成功。比如"土遁金杯""平地拔杯""酒米三变""水底捞月"等表演，道具结构都很简单，但演得好的仍能取得令人惊异的变化效果。

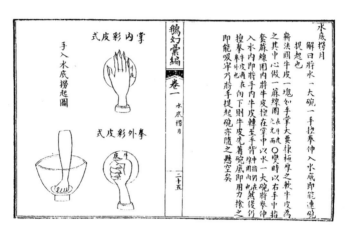

《鹅幻汇编·彩法门·水底捞月》

《鹅幻汇编》手法门、丝法门目录

"手法门"

"手法门"亦称手彩或徒手幻术。即以没有特殊机关的物品、仅依靠双手灵巧掌控促成变化的幻术。本书举了48套。手彩幻术是幻术中最早出现的门类。其表演技巧是从生活中逐渐发现积累而来。以手遮掩秘密传递对象的技巧，积累多了就是手彩类节目。比如《八仙过海》，仅凭手指和手掌肌肉的藏夹功夫，就会呈现无中生有、消涨变形、聚散易位等变化。演员要熟练掌握夹带藏掖等必要技巧，以及细致入微的表演才艺，体现了千锤百炼的过硬功夫。

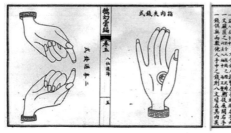

《鹅幻汇编·手法门·八仙过海》

"丝法门"

"丝法门"的主体是用丝线绳索操控的各种幻术，书中列举了17项。中国是丝绸之乡，历代创造了许多线绳为道具的幻术，如"相思棍""仙人穿掌""玉女穿梭"等。扇子戏是其中数量较多的一类，一部分是扇动蝴蝶、彩盘、火球、灯彩等物品在空中自由飞行的表演；一部分是扇动木偶的表演，如"竹仙洗浴""寿星上寿""张仙送子""跳财神""跳魁星""打连相""打花鼓"等有人物、有情节的小戏。

比一般"提线傀儡"更神秘有趣。

《鹅幻汇编·丝法门·竹仙洗浴》

《鹅幻汇编》搬运门、药法门目录

"搬运门"

搬运法是最古老的幻术门类，它的内容广泛，大到反山川，移城邑，小到钓鱼、取姜，都是搬运法幻术。宋代以来多指"藏掖"类幻术，又称"大戏法"，现称"古彩戏法"，极富民族特色。书中介绍了24套表演，《平升三级》（瓶升三戟）《七层宝塔》等是其代表。它要将十几个装满零散彩品的缸、盘、碗藏挟于长袍之中，使其不掉、不散，尤其是变出大盆水火更为不易。古代没有火柴更没有电动打火器，表演者都是将蜡烛明火藏于身上；方法之巧令人难以琢磨。将大盆水碗变出来，又将变出的水碗变回身上，何以不滴不漏？这些都是观众至今难以解开的谜。

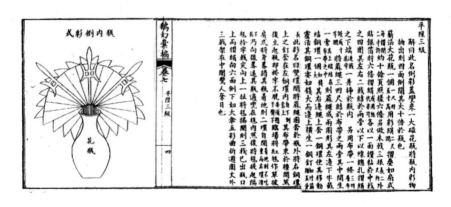

《鹅幻汇编·搬运门·平升三级（瓶升三戟）》

"药法门"

古代炼丹术盛行，术士们要博取别人的信任，往往要显露几手戏术，这就是中国化学幻术的开端。此类项目多数来自《神仙戏术》，本书介绍了60多套，其实远不止于此，至今许多药法幻术方法仍然经常采用。如"口吐莲花""画人张伞"等都是运用化学反应的表演。在众多的药法幻术中，利用火药配方的烟火戏法尤为丰富。如"灯上放花""炮打襄阳"等相当精彩。但也有一些难以验证的项目混迹其中。

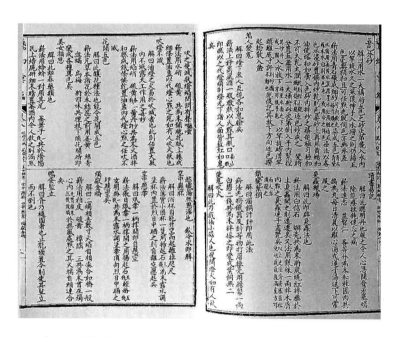

《鹅幻汇编》药法门——五色分沙、吹灯不灭、开花五色、烛献金桥

"符法门"

"符法门"的项目来自《神仙戏术》居多，有六甲神坛、一指定风、九龙化骨、四童转桌等，画符念咒属于巫术，多用于冲傩

还愿、跳端公，以及圆光等法事活动。其不属于幻术表演艺术范畴，却表明幻术与巫术的历史渊源。唐再丰对符法门、圆光秘诀等抱着探索的态度，给予保存。在江湖诸法秘诀27则中，对一些江湖把戏进行了揭露。

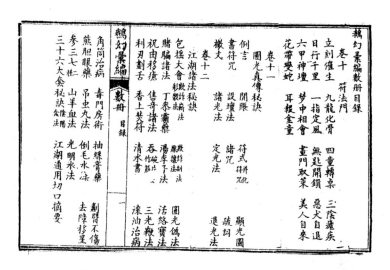

《鹅幻汇编》符法门、圆光秘诀、江湖诸法秘诀目录

　　以上门类，除"符法门"属荒诞不经之说，"药法门"错讹较多之外，其他记载基本正确。即便是现在看来，唐再丰的分类方法也是比较合理的。

　　唐再丰的《鹅幻汇编》也有一些缺陷。首先，他虽然毕生访求魔术秘方，但是受到时代和社会条件的局限，视野不够开阔。古代许多著名幻术，尤其是宫廷幻术，如"鱼龙漫衍""圣寿乐更衣术"等许多重要节目都未写入书中。《鹅幻汇编》的第二个缺点是泥沙俱下。唐再丰是知识分子出身，未能与幻术艺人深度融为一体。他记录的节目，有些部分比较荒谬。如说"符法门"用药物能使莲子顷刻开花等，都是上了江湖艺人"推送法"的当。所谓"推送法"是在他访求过程中，幻术艺人为了自身的生存，不愿公开自己的秘密，又不敢得罪刨根究底的有钱有势者，于是便东支西吾，似是而非地胡诌一通。他们大都把魔术秘密往药物上面推，使你极难买到这些药物，从而停止探索。比如，书中所记"飞豆打蝇"即是其一。据说，将一粒黄豆放在茶几上，遇有苍蝇飞过时，这粒豆即能自动跳起去击中飞蝇。书中介绍的方法是："取蝇虎（一种蜘蛛）十余枚，共置一器，绝其食，绝其食，即自相吞噬，大欺其小，强齿其弱，只存其一，投以大黄豆一粒，欲食不能，则嚼豆而死。即以此豆置案头，则自能击蝇。"这种无稽之谈，即便实验一次，也是很困难的，在古代缺乏科学知识的情况下，自然不易戳穿。许多"彩法"表演的节目，如"茶碗生莲""空中悬杯"等，唐再丰均解释为药物作用，有些更提出需要取百年动物的血作引或用连续几十年的雪水来泡等不可能实现的虚假前提，亦足见江湖骗术之厉害，竟蒙蔽了一个留心魔术30年的专家。因此《鹅幻汇编》中搜集的技法，不可避免地会有一些内行人称为"左门子""黄门子"的项目。"左门子"有时也可能做成幻术的变化现象，但肯定不如真门子可靠，效果好；至于"黄门子"，就更是骗人的伎俩。唐再丰没有幻术表演实践的经验，难以鉴别技法的真伪优劣，只能记下艺人所说，载录于书。此外，有些比较真实的技法，因艺人的手法十分娴熟，使人眼花缭乱，致使他不能全部记录下来。过于简单的记载，使仅照书演练难以实行。

尽管《鹅幻汇编》有其历史的局限性，唐再丰对幻术艺术在学术上的贡献，依然是巨大的。它是中国历史上第一部幻术艺术的学术性专著，不但保存了较为丰富的幻术历史资料，还第一次进行了分门别类的研究，制定出体例，对我国幻术艺术体系的构成，做出了开创性的探索。

由于这本书诞生于清末那个风雨交加的时代，中外交流刚刚开始，新的科技产品渐渐流入国内，唐再丰对这些新幻术，以及相近的新奇科技、新鲜玩意儿饱含热情，诸如奇巧机械、玩具，西洋马戏等，尽力将其编入《鹅幻续编》《鹅幻余编》之内，以引起国人的关注与运用，如《鹅幻余编》中有"金牛饮水""木人打鼓""东洋影戏""影镜灯匣""转轮踏床""风力风箱"等。这种对新事物的敏感，对新技艺、新科技不断追求的精神，是十分可贵的。

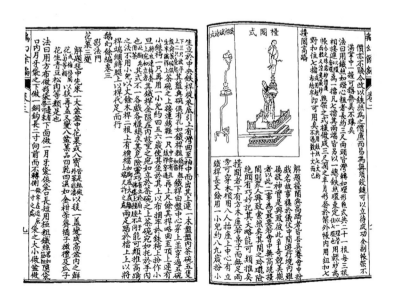

《鹅幻余编》刊载的悬浮巡游幻术"抬阁高跷"

后　记

2020 年疫情期间，我们收到了中国国际广播出版社发来的信函和出版合同，告知出版社打算把我们十年前出版的《中国古代幻术》重印再版。此事让我们十分欣喜，进一步完善此书的愿望得以实现。这十年来我们仍在关注幻术研究的发展，收集到一些新的资料，我们想借这次机会把它们编写进去，给读者以更新近、更翔实的信息。

当然事情说起来容易做起来难，因为我们两位都已是高龄老人，我们一个 92 岁，一个 81 岁，且身患多种老年疾病，日常生活已经不易，何况写作，尽力而已。

在这次修订过程中，得到了亲友的大力帮助，幻术文物收藏家倪冠东同志提供了新发现的《新刊足本神仙戏术》《清代文武戏法通草画集锦》、弟弟腾龙的《鹅幻余编》等珍贵资料，补充了清代书籍一节的讲述，儿子徐海子为我们查找翻译了多篇幻术史外文资料，增加了近代外国人看中国幻术的新角度，女儿徐秋帮我们整理修订了交付编辑前的最后一稿，在此表示衷心感谢！

徐庄　傅起凤

2020 年 11 月 18 日

图书在版编目（CIP）数据

中国幻术史话：典藏版 / 徐庄，傅起凤著. —北京：中国国际广播
出版社，2020.12（2021.4重印）
（传媒艺苑文丛.第一辑）
ISBN 978-7-5078-4799-4

Ⅰ.①中… Ⅱ.①徐…②傅… Ⅲ.①巫术－历史－中国 Ⅳ.① B992.5

中国版本图书馆CIP数据核字（2020）第239054号

中国幻术史话（典藏版）

著　者	徐　庄　傅起凤
出品人	宇　清
项目统筹	李　卉　张娟平
策划编辑	笑学婧
责任编辑	笑学婧
校　对	张　娜
设　计	国广设计室

出版发行	中国国际广播出版社 ［010-83139469　010-83139489（传真）］
社　址	北京市西城区天宁寺前街2号北院A座一层
	邮编：100055
印　刷	环球东方（北京）印务有限公司

开　本	710×1000　1/16
字　数	130千字
印　张	18.25
版　次	2020 年 12 月 北京第一版
印　次	2021 年 4 月 第二次印刷
定　价	48.00 元